Reiseführer

New York

von Hannah Glaser

W0176874

 **ADAC Top Tipps**

Das müssen Sie gesehen haben!
Die zehn Top Tipps bringen Sie
zu den absoluten Highlights.

 ADAC Empfehlungen

Unterwegs gut beraten: Diese
25 ausgesuchten Empfehlungen
machen Ihren Urlaub perfekt.

Preise für ein DZ mit Frühstück:
€ | bis 180 $
€€ | bis 300 $
€€€ | ab 300 $

Preise für ein Hauptgericht:
€ | bis 15 $
€€ | bis 25 $
€€€ | ab 25 $

■ Intro

■ ADAC Quickfinder

*Hier finden Sie die Orte, Sehens-
würdigkeiten und Attraktionen,
die perfekt zu Ihnen passen.*

■ Unterwegs

■ Service

Alle wichtigen reisepraktischen Informationen – von der Anreise über Notrufnummern bis hin zu den Zollbestimmungen.

Umschlag:

ADAC Top Tipps: Vordere Umschlagklappe, innen ❶

ADAC Empfehlungen: Hintere Umschlagklappe, innen ❷

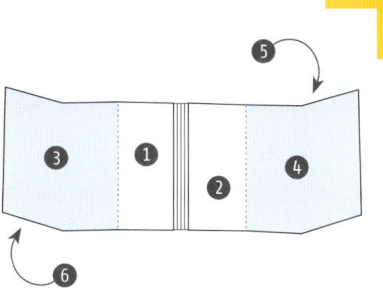

Übersichtskarte Manhattan Süd: Vordere Umschlagklappe, innen ❸
Übersichtskarte Manhattan Nord: Hintere Umschlagklappe, innen ❹

Verkehrslinienplan New York: Hintere Umschlagklappe, außen ❺
Ein Tag in New York: Vordere Umschlagklappe, außen ❻

New York – Stadt auf der Überholspur

New York City hat alles, und von allem das Beste – Höhepunkte, Rekorde und Extreme gehören hier zum Alltag

Das Bild von New York haben die Wolkenkratzerschluchten in Midtown geprägt

In New York leben 8,2 Mio. Menschen, so viele wie in Los Angeles, Chicago und Philadelphia zusammen – 10 356 Einwohner pro Quadratkilometer. »National Geographic« hat errechnet, dass die gesamte Weltbevölkerung im US-Bundesstaat Texas leben könnte, wenn er so dicht bevölkert wäre wie New York. Doch neben der größtmöglichen Verdichtung urbanen Lebens ist es vor allem eines, das New York einzigartig macht unter allen Großstädten auf dem Globus: 193 Nationen und ebenso viele Kulturen leben hier auf engstem Raum. Mit ihrer Sprache, ihrer Religion und ihrer Weltanschauung, mit ihrer Musik, ihrer Mode und ihrer Landesküche. Nur in New York kann man die Vielfalt der Welt an einem einzigen Ort sehen, hören, fühlen und schmecken.

Faszinierendes Völkergemisch

Diese überbordende, reiche und chaotische Mischung überrumpelt einen jeden Tag aufs Neue, immer auch mit der Chance, alte Denkmuster über den Haufen zu werfen. Da genügt eine Fahrt in der Subway, z.B. über den East River nach Queens, um eine Weltreise im Schnelldurchlauf zu unternehmen.

chen, die kein Wort Englisch sprechen. Auch mitten in Manhattan wechseln die Kulturen, und ein paar Schritte vom Empire State Building entfernt findet man sich in der 32nd Street mitten in Korea wieder. Wer eben noch Hunger auf einen Burger hatte, lernt jetzt im heißen Steintopf serviertes Dolsot Bibimbap kennen oder entdeckt Gimbap, das koreanische Sushi, das nicht mit rohem Fisch, sondern mit hauchdünnem, mariniertem Fleisch zubereitet wird.

Trotz all dieser Vielfalt trifft das häufig bemühte Bild vom melting pot nicht den Kern. New York lebt nicht vom

Blaue Ballons unter dem Himmel des East Village (unten) – Saurierhalle im Naturkundemuseum (ganz unten)

An jeder Station gesellen sich New Yorker aus anderen Kulturkreisen dazu: eine Familie aus Guatemala, eine Gruppe steinalter Vietnamesen, Mexikaner, Perser, Chinesen, Inderinnen im Sari, Araber, Koreaner, ein indonesisches Paar …

Wer mit der Linie B nach Coney Island fährt, landet an der Endstation Brighton Beach in einem Mini-Russland mit kyrillischen Schriftzeichen an den Läden und schwarz gekleideten Mütter-

Längst nicht nur bei Familien beliebt: Coney Island (oben), Hotdogs (Mitte) und Park Slope in Brooklyn mit seinen hübschen Brownstone-Häusern (unten)

Sammelbecken kreativer Energie

Zu all diesen Eindrücken addiert sich für den Besucher eine unüberschaubare Fülle kultureller Hotspots. Etliche davon sind für sich allein genommen schon Anlass genug für eine Reise: Museen wie das Museum of Natural History als größtes Naturkundemuseum der Welt und das Metropolitan Museum of Art als weltweit bedeutendste Kunstsammlung, Bühnen wie die Met als größtes Opernhaus der Welt. Hinzu kommen 40 Musicalbühnen rund um den Times Square und Hunderte Kunstgalerien.

Wer davon so viel wie möglich mitnehmen will, dem wird jeder Tag zu einer Abfolge vertaner Möglichkeiten. Deshalb lieber entspannt auswählen mit dem Wissen, dass sich immer auch das Ungeplante und Unvorhersehbare als

Verschmelzen der Gegensätze, sondern von ihrem Kontrast, und gleicht vielmehr einer Patchwork-Decke als einem Schmelztiegel.

Hauptgewinn entpuppen kann. Bei gutem Wetter empfiehlt sich ein Spaziergang über die Brooklyn Bridge, wo 22 km stählerne Seile die Skyline bei jedem Schritt in ein neues Puzzle zerlegen, oder ein Bummel durch das alte Hafenviertel am South Street Seaport, wo die Möwen im Tiefflug durch Kopfsteinpflastergassen segeln. Bei schlechtem Wetter geht es je nach Interesse zu Warhols Marilyn im MoMA, zu den Muppets im Filmmuseum in Queens – oder in eines der 198 anderen Museen.

New Yorks grüne Seite

In jedem Fall muss man in New York viele Meilen laufen. Zum einen, weil die Entfernungen immer weiter sind als gedacht. Zum anderen, weil man zu Fuß den Energiestrom, den Rhythmus der Stadt intensiv und ungefiltert erlebt, ihre Magie, ihre Aggressivität, ihre Hysterie und ihre Melancholie. Zu Fuß erkundet man die Neighborhoods und lernt das neue »grüne« New York kennen: den High Line Park, wo man 9 m über dem Erdboden zwischen Wiesenschaumkraut und Weidenröschen

>> *Seit Jahren war ich in Berlin, Paris und London zuhause wie ein Stallhase in seinem Stall. Aber New York war mir so neu, als ob ich ein einfältiger Hinterwäldler wäre, der vorher nie seinen Dachstuhl verlassen hätte.* <<

Max Dauthendey,
Dichter und Maler, 1867–1918

durch den Meatpacking District flaniert, oder Manhattans Waterfront Greenways, meilenlange grüne Adern am Hudson und East River, neu er-

Wie eine grüne Ader windet sich die High Line als Park auf Stelzen durch Chelsea

schlossene Reviere für Freizeitsportler und Tagträumer.

Neben all dem Grün, dem Licht und Glanz in den Fassaden Tausender Hochhäuser sind auch die Anzeichen von Verfall unübersehbar. Die Subway ist alt, und manche Stationen ähneln finsteren Löchern, in dem im Hochsommer die schwüle Luft steht wie eine Wand. Manchmal streikt die Müllabfuhr und die Abfallsäcke türmen sich auf den Gehwegen. Manchmal steht man im Regen an einer Ampel und nebenan knallt und raucht es, weil ein schlecht verlegtes Kabel einen Kurzschluss ausgelöst hat. Diese Unvollkommenheiten gehören dazu, denn die Stadt spielt einem nichts vor, sondern ist erbarmungslos ehrlich – und auch dafür kann man sie lieben.

Veränderung als einzige Konstante

Aber Achtung: In New York ist Veränderung die einzige Konstante, sie ist ein Teil seiner DNA. »Wer vor 40 Jahren in New York geboren wurde, findet heute nichts von jener Stadt, die er einst kannte«, klagte das »Harper's Magazine« – im Jahr 1856. Daran hat sich nichts geändert, nur das Tempo hat sich beschleunigt. New Yorks Blick ist nach vorn gerichtet, die Vergangenheit und alles, was mit ihr verloren geht, höchstens auf den Leserbriefseiten der »New York Times« ein Thema. Und natürlich bei all jenen, die sich selbst für heimliche New Yorker halten, weil sie die Sehnsucht immer wieder an den Hudson lockt.

Für sie gibt es zur Begrüßung zuverlässig einen Kübel kaltes Wasser ins ku-

Der Central Park erinnert die New Yorker daran, dass es Dinge wie Jahreszeiten gibt

schelwarme seelische Nostalgie-Nest: Das liebgewonnene Hotel vom letzten Besuch? Heißt jetzt ganz anders und wurde zur Luxusimmobilie umgebaut. Der Coffeeshop um die Ecke mit dem gut gelaunten Kellner, der einen schon am zweiten Tag mit dem Satz »Dasselbe wie gestern, Honey?« begrüßt hat? Ist verschwunden, ohne eine Nachricht zu hinterlassen. Der rund um die Uhr geöffnete Deli mit dem besten Fingerfood aller Zeiten? Wurde vor sechs Wochen abgerissen.

Man sollte nicht zu Rührseligkeit neigen, wenn man ein richtiger »New York Fanatic« werden will, wie sich John Lennon im Interview gerne bezeichnete. Denn von New York lernen heißt immer: offen sein für Neues, auch wenn es weh tut.

Sprache Englisch, in New York werden jedoch mehr als 300 Sprachen gesprochen

Währung US-Dollar (US-$)

Fläche 789 km² (Hamburg: 755 km²), davon Manhattan 59 km²

Einwohner rund 8,5 Mio.

Milliardäre 103

Verwaltung 5 Boroughs (Manhattan, Brooklyn, Queens, Bronx, Staten Island)

Tourismus Zuletzt verzeichnete New York 59 Mio. Besucher, 13 Mio. davon kamen aus Übersee.

Das lieben alle New Yorker: Kaffee – sie trinken siebenmal mehr als der Durchschnittsamerikaner und sind stets auf der Suche nach neuen, ausgefallenen Kreationen.

Das wurde in New York erfunden: Klimaanlage, Geldautomat, Kreditkarte, Toilettenpapier, Teddybär, Scrabble, Club Sandwich, Waldorf-Salat

Darauf sind die New Yorker stolz: Wenn die Yankees oder Mets die Holzkeulen schwingen, gerät die ganze Stadt aus dem Häuschen.

Darin sind die New Yorker Weltmeister: Im Sprinten. Touristen erkennt man daran, dass sie es nicht eilig haben.

Das will ich erleben

Ob in den Straßenschluchten rund um die Wall Street, im Lichtgewitter der Neonreklamen am Times Square oder auf der Aussichtsplattform des Rockefeller Center – überall ist die unbändige Energie und Dynamik dieser Stadt zu spüren. Entspannung und lauschige Momente bieten New Yorks neue Grünzonen auf einer stillgelegten Hochbahntrasse oder an den Ufern des East River und des Hudson. Ob Weltklassemuseen und -bühnen, Restaurants mit atemberaubendem Skylineblick oder Shoppingtempel, die die Kreditkarte zum Glühen bringen – New York hat die besten Adressen.

Das ultimative Hochgefühl

Von der Aussichtsplattform auf dem Empire State Building blickt man wie vom Mastkorb eines Schiffes über das steinerne Wolkenkratzermeer. Im Observation Deck des One World Trade Center bleibt die Stadt hinter Glas, dafür gibt es raffiniert inszenierte visuelle Effekte, etwa im Fahrstuhl. Top of the Rock bietet einen unverstellten Traumblick von zwei luftigen Freiterrassen.

Family Fun – gemeinsam Spaß haben

Am South Street Seaport kann man historische Schiffe entern und im Museum of Natural History riesige Dinosaurier und Blauwale bestaunen. Auf Coney Island sorgen 50 Fahrgeschäfte, ein modernes Aquarium und legendäre Hotdogs für einen gelungenen Tag und im Bronx Zoo kann man auf Safari gehen.

New-York-Ikonen

Die Freiheitsstatue auf einer Insel in New Yorks Hafen wirkt aus der Nähe betrachtet einfach magisch, ein Gang durch die Wall Street gibt den täglichen Wirtschaftsnachrichten ein Gesicht und das Lichtgewitter am Times Square ist in der Realität noch viel irrwitziger als auf der Kinoleinwand.

Auftanken im Grünen

New York ist nicht nur ein Häusermeer, sondern bietet auch jede Menge Grün, vom 4 km langen und 800 m breiten Central Park über den High Line Park auf einer stillgelegten Hochbahntrasse bis zum malerischen Battery Park an der Südspitze von Manhattan.

Kaufrausch im Shopping-Mekka

Für Shopaholics ist New York ein Paradies. Und irgendwo gibt es immer Sales, ob in den zehn Stockwerken des Mega-Kaufhauses Macy's oder in der funkelnden Welt der Westfield WTC Mall im Oculus. An der noblen Fifth Avenue konzentrieren sich im Bereich der 50er-Straßen die exklusivsten Mode-, Juwelier- und Einrichtungsgeschäfte.

Dinner mit Aussicht

Gut essen kann man in vielen Großstädten, aber nur hier gibt es dazu den Blick auf die berühmteste Skyline der Welt, mal in Neonlicht getaucht wie in der View Lounge, mal mit üppigem Grün kontrastiert wie im Asiate oder mit dem Fluss im Vordergrund wie im River Café.

Musikalische Höhenflüge

Die Carnegie Hall steht für eine legendäre Akustik, die Metropolitan Opera für Sternstunden der Gesangskunst und aufwendige Bühnenbilder. Als Wiege schwarzer Musik gilt das Apollo Theater in Harlem.

Unvergessliche Museumsmomente

Im 9/11 Tribute Museum berichten Betroffene von den Ereignissen am 11. September, das Lower East Side Tenement Museum erzählt vom Alltag der ersten Einwanderer. Das Whitney Museum of American Art fasziniert durch seine architektonische Gestaltung und The Met Fifth Avenue durch die Menge und Qualität seiner Exponate.

Kleine Fluchten – Orte der Stille

Im äußersten Norden Manhattans bietet The Met Cloisters ein Refugium der Ruhe abseits vom Großstadtlärm. Stille herrscht auch im prachtvollen Lesesaal der New York Public Library, und in der St. Patrick's Cathedral an der Fifth Avenue gehört Einkehr zum Konzept.

Großartige Gebäude

New Yorks neue Wolkenkratzer sind Multimillionären vorbehalten, aber diese drei spektakulären Räume sind für alle: Der sündhaft teure Oculus beim WTC, das schräge New Museum an der Bowery und das majestätische Grand Central Terminal mit seinem Sternenhimmel.

Unbekanntes New York

Der Central Park hat seine Geheimnisse, die Bronx hütet das Kleinod City Island. Die noch relativ unbekannte Fotografin Alice Austen hat das New York von 1890 auf die Platte gebannt. In Harlem kann man sonntags im privaten Wohnzimmer von Marjorie Eliot besten Jazz erleben.

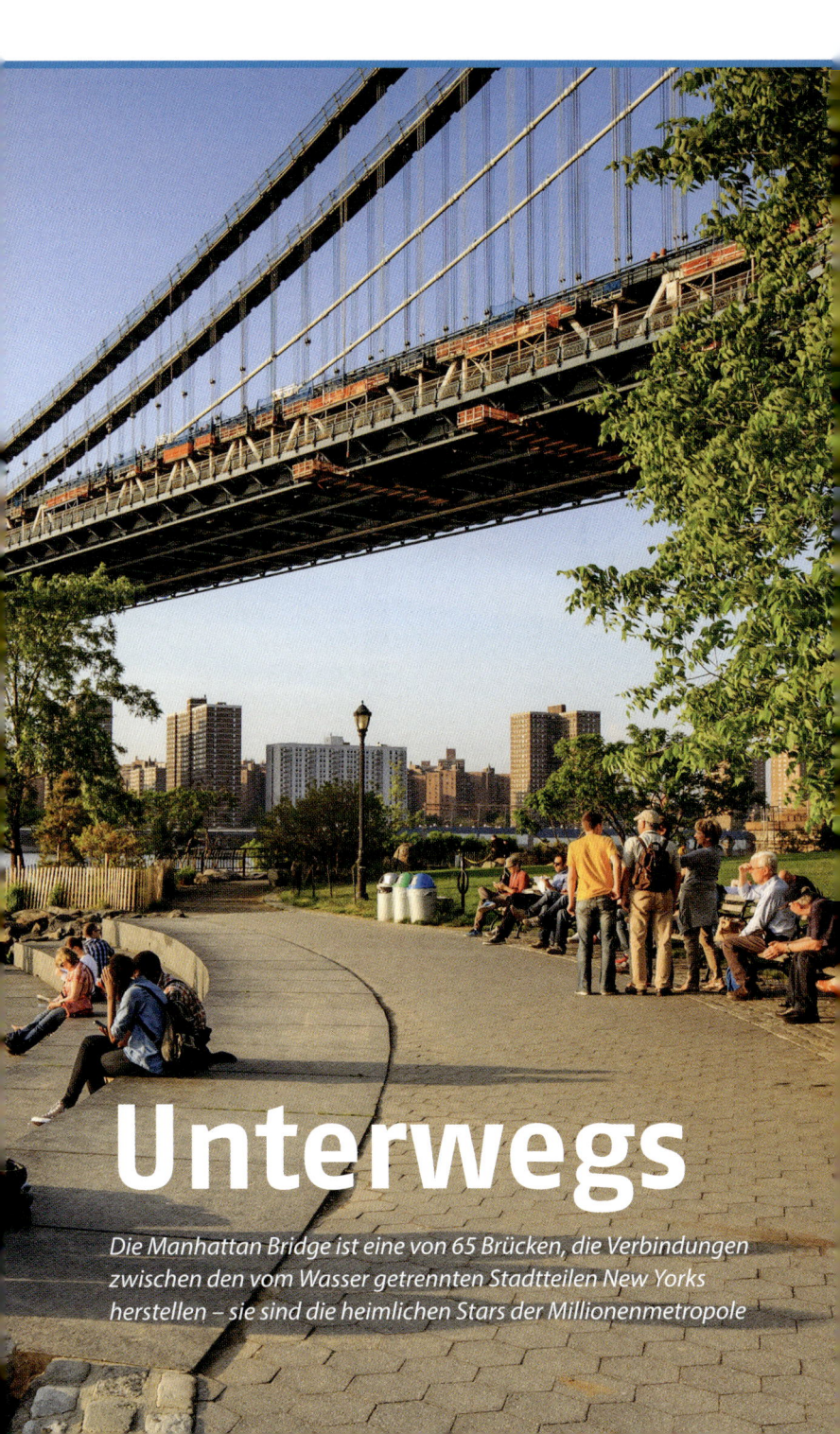

Unterwegs

Die Manhattan Bridge ist eine von 65 Brücken, die Verbindungen zwischen den vom Wasser getrennten Stadtteilen New Yorks herstellen – sie sind die heimlichen Stars der Millionenmetropole

Lower Manhattan

Im Süden Manhattans liegen die historischen Wurzeln der Weltmetropole, hier konzentriert sich die wirtschaftliche und politische Macht

Schon der Blick auf den Stadtplan zeigt, dass im Süden Manhattans die Keimzelle der heutigen Millionenmetropole liegt: Hier herrscht europäisches Straßengewirr, das typisch amerikanische Schachbrettmuster einer Stadt vom Reißbrett beginnt erst nördlich der 14th Street. Im Süden liegen nicht nur New Yorks historische Wurzeln, hier konzentriert sich auch die wirtschaftliche und politische Macht – mit der Börse an der Wall Street als Impulsgeber der Weltwirtschaft und der City Hall als ältestes Rathaus der Vereinigten Staaten.

In Lower Manhattan finden sich neben historischen Highlights auch viele der Ikonen, die weltweit für New York stehen – vom South Street Seaport, dem alten Hafenviertel, über die Freiheitsstatue und die Einwandererinsel Ellis Island bis zum neuen One World Trade Center mit dem spektakulären Obser-

vation Deck. Für die meisten Besucher aus aller Welt führt der erste Weg zum World Trade Center (WTC) und der Gedenkstätte am Ort der Anschläge vom 11. September 2001.

In diesem Kapitel:

ADAC Top Tipps:

1 **World Trade Center (WTC) Site**
| Stadtbezirk |
Ein beeindruckendes Memorial erinnert an die Anschläge vom 11. September 2001, das 541 m hohe One World Trade Center mit spektakulärer Aussicht steht für einen Neuanfang. 18

2 **Statue of Liberty**
| Wahrzeichen |
Das weltweit bekannte Symbol für Freiheit und die Hoffnungen von Millionen Einwanderern steht auf einer Insel im New Yorker Hafen und ist die beliebteste Touristenattraktion. 24

ADAC Empfehlungen:

 9/11 Tribute Museum
| Gedenkmuseum |
Betroffene und Helfer schildern ihre
Erlebnisse am 11. September. 20

Battery Park
| Park |
Ein grünes Idyll an der Südspitze
Manhattans mit lauschigen Bänken
und Blick aufs Wasser. 22

 Staten Island Ferry
| Schifffahrt |
Die Fahrt auf den orangefarbenen
Fähren zum südlichsten Stadtteil New

Yorks mit weitem Blick übers Wasser
auf Manhattan, Ellis Island und Lady
Liberty ist gratis. 28

 South Street Seaport
| Historisches Viertel |
Der einstige Hafen mit historischen
Bauten und Museumsschiffen ist jetzt
ein charmantes Quartier zum Bummeln, Shoppen und Speisen. 36

 Brooklyn Bridge
| Brücke |
New Yorks schönster Spaziergang
führt auf dem hölzernen Fußgänger-
weg der Brooklyn Bridge über den
East River. 39

9/11 Memorial: Die Stelle der WTC-Türme nehmen nun zwei große Wasserbecken ein

1 World Trade Center (WTC) Site

Schauplatz der Anschläge von 9/11 mit Gedenkstätte und One WTC

■ Subway 2, 3, 4, 5, A, C, J, Z Fulton St., 2, 3, E Park Pl., R Rector und Cortlandt St.
■ www.wtc.com, www.panynj.gov/wtc progress

Am 11. September 2001 steuerten islamistische Attentäter zwei Verkehrsmaschinen in die Zwillingstürme des World Trade Center, damals der höchste Bürokomplex der Stadt mit Arbeitsplätzen für mehr als 50 000 Menschen aus drei Dutzend Nationen. Die Bilder vom Einschlag, den flüchtenden Menschen und den brennenden, einstürzenden Türmen gingen um die Welt. Der Anschlag forderte 2753 Opfer. Seine Folgen prägen die Vereinigten Staaten und ihre Politik bis heute.

Auf dem einstigen Ground Zero ragt nun das One World Trade Center als höchstes Gebäude New Yorks und als Zeichen eines Neuanfangs in den Himmel. Auch Trauer und Gedenken haben ihren Platz gefunden. Ein Mahnmal symbolisiert auch baulich die schmerzliche Lücke, die 9/11 im Leben der Angehörigen hinterlassen hat.

◉ Sehenswert

9/11 Memorial
| Gedenkstätte |
Hier schlägt das emotionale Herz New Yorks. Am Ort der Anschläge vom 11. September 2001 wurde zehn Jahre danach das 9/11 Memorial eröffnet. Die Grundfläche der einstigen Twin Towers, die sog. footprints, nehmen nun zwei Bassins ein, von deren Rand Wasser in eine schwarze Tiefe stürzt. Auf Granitplatten an der Außenseite sind die Namen der Opfer eingraviert, wei-

ße Rosen markieren einen Geburtstag. In dem Eichenhain mit 400 Bäumen rings um die Wasserbecken soll speziell der survivor tree Hoffnung symbolisieren. Helfer fanden ihn nach den Anschlägen unter den Trümmern, er wurde aufgepäppelt und 2010 auf der Memorial Plaza eingepflanzt, wo er seither grünt und gedeiht.

■ 180 Greenwich St., Subway 1 Rector St., 2, 3 Park Pl., A, C, J, 2, 3, 4, 5 Fulton St., R Cortlandt St., www.911memorial.org, tgl. 7.30–21 Uhr, Eintritt frei

9/11 Museum
| Gedenkmuseum |
Seit 2014 zeigt das Museum mit dem markanten Glaspavillon auf sieben unterirdischen Etagen Fotos, Hinterlassenschaften und Besitztümer der Menschen, die bei den Anschlägen ums Leben kamen. In der Haupthalle ist ein Stück der Flutmauer zu sehen, die dem Wasser des Hudson standhielt, dazu ein Stahlträger der WTC-Türme und Zeugen der Zerstörung, wie ein demolierter Feuerwehrwagen und die Überreste eines Flugzeugfensters.

■ 180 Greenwich St., Subway 1 Rector St., 2, 3 Park Pl., A, C, J, 2, 3, 4, 5 Fulton St., R Cortlandt St., www.911memorial.org, So–Do 9–20, Fr, Sa 9–21 Uhr, letzter Einlass 2 Std. vor Schließung, Di 17–20 Uhr frei, 24 $, erm. 15/20 $

One World Trade Center mit One World Observatory
| Aussichtspunkt |
Das neue One World Trade Center wurde nach langwierigen Diskussionen und mehreren Planänderungen im Dezember 2014 eröffnet. Vom ursprünglichen Entwurf des Stararchitekten Daniel Libeskind blieb nur die Höhe von 1776 Fuß übrig, die das Jahr der amerikanischen Unabhängigkeit symbolisiert. Fünf Sky Pod genannte Aufzüge schießen Besucher in 47 Sekunden ins 102. Stockwerk hinauf, an den Wänden zeigt unterdessen ein animiertes Video im Zeitraffer die Entstehung New Yorks. Oben angekommen gibt es ein weiteres Video zum Bau des One WTC, dann wird man ins Main Observatory im 100. Stock entlassen. Hier kann man für 15 $ ein Tablet mieten, das multimedial erklärt, was man draußen vor dem Fenster sieht. Über Rolltreppen geht es hinab zum eigentlichen Observation Deck. Auf dem City Pulse, einem großen Ring mit Monitoren, laufen Infos über New Yorks Sehenswürdigkeiten, lautstark kommentiert von ambassadors genannten Mitarbeiterinnen. Durch die bodentiefen und angeblich bombensicheren Fenster sieht die Welt fern und unwirklich aus wie aus einem Flugzeug. Anders als auf dem Top of the Rock und dem Empire State Building kann man auf dem One WTC nirgendwo ins Freie treten.

■ 285 Fulton St., Eingang Ecke West/ Vesey Sts., Subway E World Trade Center, A, C Chambers St., N, R Cortlandt St., 4, 5 Fulton St., www.oneworldobservatory. com, tgl. 9–20, Mai–Sept. 9–22 Uhr, Standard Reserved Admission (mit Zeitfenster) 34 $, erm. 28/32 $, Priority Reserved Admission (mit Zeitfenster, ohne Warteschlange) 56 $, Day Flex Admission (ohne Zeitfenster und Warteschlange) 67 $, lange im Voraus buchen!

Oculus
| Moderne Architektur |
Als 2001 die Türme des World Trade Centers fielen, verlor New York nicht nur ein Wahrzeichen und Tausende Menschenleben, sondern auch den

Bahnhof des World Trade Center. Der spanische Stararchitekt Santiago Calatrava bekam den Auftrag, am Ort der Anschläge eine Ikone zu schaffen und lieferte den Oculus, einen lichtdurchfluteten Korpus aus 150 weißen Stahlrippen. Er entstand in zwölfjähriger Bauzeit und soll an einen Phönix erinnern, der aus der Asche aufsteigt: 40 m hoch schwebt das flügelförmige Dach über der Haupthalle, den Blick in den Himmel freigebend. Der Boden besteht komplett aus weißem Marmor. 4 Mrd. Dollar kostete der Bau, der schließlich 2016 in Betrieb ging – der teuerste Bahnhof der Welt. Er verbindet elf Subway-Linien und ist täglich Durchgangsstation für 250 000 Pendler. 2016 öffnete in der Haupthalle die Westfield World Trade Center Mall mit 112 Marken-Shops und Restaurants, vom Apple Store über Bose, Dior und L'Occitane bis zu Zaro's Family Bakery.

■ 33–68 Vesey St., www.panynj.gov, tgl. 24 Std. geöffnet, Mall www.westfield.com, Mo–Sa 10–21, So 11–19 Uhr

9/11 Tribute Museum
| Gedenkmuseum |

 Persönliche Führungen zu 9/11, die unter die Haut gehen

Dieses private Projekt der Angehörigen der Opfer von 9/11 eröffnet Besuchern einen persönlichen Blick auf die Anschläge und die Zeit danach. In den storytelling areas des Museums berichten Überlebende und Hinterbliebene live von ihren Erlebnissen und beantworten Fragen der Besucher. Andere Berichte werden unter dem Motto »We were there« und »My 9/11 Story« als Videodokument gezeigt. Überlebende, Angehörige und Mitarbeiter der Bergungs- und Räumungsmannschaften sind auch die ehrenamtlichen Führer bei den Guided 9/11 Memorial Tours, die am Tribute Museum beginnen und zum Schauplatz der Anschläge führen, immer verbunden mit den persönlichen Geschichten der Betroffenen. Neben Gesprächen und Kontakten bietet das Museum, das im Juni 2017 an seinem neuen Standort

Mit dem Oculus schuf Stararchitekt Calatrava eine neue New-York-Ikone

eröffnet wurde, wechselnde Ausstellungen zum Thema.

 92 Greenwich St., Subway R Rector St., www.911tributemuseum.org, Mo–Sa 10–18, So 10–17 Uhr, Touren 11–15 Uhr zur vollen Stunde, 15 $, erm. 5/10 $, mit Guided Walking Tour 25 $, erm. 10 $

Restaurants

€ | **Cafe Bravo** Deli direkt gegenüber vom 9/11 Tribute Museum. Breakfast, Lunch, Salate, Hot Sandwiches und Grilled Paninis, aber auch hausgemachter Cheesecake, Brownies und Cookies. ■ 94 Greenwich St., Tel. 212-406-4444, tgl. 24 Std. geöffnet

2 Brookfield Place

Indoor-Flaniermeile mit zwei Food Courts und exklusiven Shops

■ Battery Park City, 230 Vesey St., Subway E WTC, A, C Chambers St., 2, 3 Park Pl., N, R Cortland St., 4, 5 Fulton St.
■ www.brookfieldplaceny.com, Winter Garden tgl. 5–2 Uhr

In dem von Cesar Pelli entworfenen eleganten, aus vier Haupttürmen bestehenden Shopping- und Dining-Komplex (bis 2014 World Financial Center) zwischen dem World Trade Center und dem Hudson River kann man Stunden verbringen, speziell im Sommer, wenn auf der Terrasse der Waterfront Plaza Konzerte und anderes Gratis-Entertainment geboten wird. Im Winter wird der Platz zur Eislaufarena. Im gläsernen Winter Garden sitzt man unter Königspalmen und schaut hinaus auf Battery Park und den Hudson – besonders bei Sonnenuntergang ein Erlebnis.

Im Winter Garden des Brookfield Place relaxt man unter Palmen

Restaurants

Reichlich Auswahl für jeden Geschmack bieten zwei Food Courts: Im **Le District Marketplace** auf dem Ground Level dominiert französische Küche (Mo–Sa 8.30–23, So bis 22 Uhr). **Hudson Eats** umfasst ein Dutzend Restaurants und Bistros von einfach bis edel (Mo–Sa bis 21, So bis 19 Uhr). Steak-Liebhaber finden ihren Himmel bei **P.J. Clarke's**, saftige Burger gibt es bei **Umami**, dick belegte Bagels bereitet **Black Seed** zu und zum Nachtisch schmeckt ein Cupcake oder Cookie von **Sprinkles**.

Einkaufen

Im Ground Level des **Brookfield Place** lockt ein Shoppingmekka der großen Namen von Burberry und Diane von

Furstenberg über Gucci und Hermès bis zu Michael Kors und Louis Vuitton.
■ Shops Mo–Sa 10–20, So 12–18 Uhr

 Erlebnisse

Institute of Culinary Education Die beste Kochschule der USA bildet nicht nur künftige Küchenchefs aus, sondern bietet auch drei- bis fünfstündige Kurse für Laien. Die Gruppen sind klein, die 14 Küchen topmodern, die Köche bestens gelaunt. ■ 225 Liberty St., Tel. 800-522-4610, https://recreational.ice.edu, Termine s. Website, Kurse 95–125 $

North Cove Sailing Vor der Tür von Brookfield Place starten von Mai bis Oktober zweistündige Segeltörns mit kleinen, wendigen Booten auf dem Hudson. Man kann mithelfen oder relaxen, ganz nach Wunsch. ■ Office 300 Vesey St., die Boote liegen in der North Cove, vor dem Winter Garden, Tel. 212-766-4302, www.northcovesailing.com, tgl. mehrere Termine, 75 $

3 Battery Park

 Park am Hudson-Ufer mit Blick auf die Freiheitsstatue

■ Subway 1 South Ferry, 4, 5 Bowling Green, J, Z Broad St., R Whitehall St.
■ www.thebattery.org

Die meisten Touristen waren schon mal da, weil hier die Fähren nach Ellis Island, zur Statue of Liberty und nach Governors Island ablegen. New Yorks ältester Park ist in den letzten Jahren stetig weiter gewachsen und zieht sich – zu Füßen des dicht gepackten Hochhausviertels Battery Park City – von der Südspitze Manhattans am Hudson entlang bis hinauf zur Cham-

Gefällt Ihnen das?

Sie interessieren sich für die Going-Green Bewegung, die auch in New York immer mehr Anhänger findet? Sie manifestiert sich nicht nur in der Schaffung neuer Grünanlagen am Wasser wie **Hudson River** (S. 60) oder **Brooklyn Bridge Park** (S. 109) und **öffentlicher Dachgärten** (S. 37), sondern auch in einer wachsenden Zahl von **Urban Farms** (s. unten) und **Community Gardens** (S. 49). Dass New York auch in Sachen Ernährung immer grüner wird, zeigen über 50 **Farmers' Markets** (S. 63) allein in Manhattan.

bers Street. Bänke und lauschige Liegen bieten schöne Blicke über das Wasser zur Freiheitsstatue, auf New Jersey, auf Schiffe und Kähne. In der Battery Urban Farm experimentieren Schulkinder und Anwohner mit dem ökologischen Anbau von Gemüse. Unter den zahlreichen Statuen und Monumenten ragt The Sphere hervor, eine Bronzeplastik des deutschen Bildhauers Fritz König, die einst zwischen den Zwillingstürmen des World Trade Centers stand und deren Einsturz mit leichten Schäden überstand. 2002 wurde sie als Mahnmal im Battery Park wieder aufgestellt.

 Sehenswert

Skyscraper Museum
| Architekturmuseum |
Unweit vom World Trade Center wird im gleichen Gebäude, in dem auch das Hotel Ritz Carlton residiert, die Entstehungsgeschichte von New Yorks Wol-

kenkratzern samt WTC-Desaster dargestellt. Die Ausstellung erläutert auf gut verständliche Weise Form und Konstruktion der Gebäude und geht auch auf die technischen, finanziellen und rechtlichen Hintergründe ein, die zur Ausprägung von Manhattans unverwechselbarer Skyline führten.

■ 39 Battery Pl., Subway 4, 5 Bowling Green, 1, R Rector St., www.skyscraper. org, Mi–So 12–18 Uhr, 5 $, erm. 2,50 $

Museum of Jewish Heritage
| **Jüdisches Museum** |

Das 1997 eröffnete Museum informiert auf drei Stockwerken über jüdische Geschichte und Kultur im 19. Jh., über die Judenverfolgung insbesondere durch die Nazis und über das Judentum nach dem Zweiten Weltkrieg in den USA, in Israel und Europa. Die Geschichte der Judenvernichtung wird hier aus der Sicht der Opfer dargestellt, den Aufnahmen für die Audio-Guides (5 $) liehen Meryl Streep und Itzhak Perlman ihre Stimmen. Der irisch-amerikanische Architekt und Pritzker-Preisträger Kevin Roche entwarf das sechseckige Museumsgebäude, dessen Grundriss dem Davidstern nachempfunden ist. 2003 wurde das Museum um den Robert M. Morgenthau Wing und den vom britischen Land-Art-Künstler Andy Goldsworthy gestalteten Garden of Stones erweitert. Das Café Lox mit koscherer Küche ist auch ohne Museumsbesuch zugänglich.

■ Edmond J. Safra Plaza, 36 Battery Pl., www.mjhnyc.org, So–Di 10–18, Mi, Do 10–20, Fr 10–15 Uhr, 12 $, erm. 7/10 $

Castle Clinton National Monument
| **Historische Hafenbefestigung** |

Auf dem Areal dieser zum Schutz des Hafens angelegten Befestigung, dem sog. Castle Garden, betraten von 1890 bis 1891 11 Mio. Einwanderer erstmals den Boden ihrer neuen Heimat. Weil die Bevölkerung die Flüchtlinge für die steigende Kriminalität verantwortlich

Flanieren mit Blick aufs Wasser im Battery Park, New Yorks grünem Südzipfel

ADAC *Mobil*

Die kostenlosen roten Busse der **Downtown Connection** verkehren tgl. von 10 bis 19.30 Uhr im 10-Minuten-Takt zwischen Battery Park City und South Street Seaport, unterwegs kann man an 38 Stopps aus- und zusteigen. *www.downtownny.com*

machte, wurde der Sitz der Einreisebehörde jedoch 1892 auf die isoliert gelegene Insel Ellis Island verlegt. Vor seiner Zeit als Immigrationsstation diente Castle Clinton als Opernhaus und Theater, ab 1896 beherbergte es New Yorks erstes Aquarium. Heute fungiert das Fort, das 1946 zum National Monument erklärt wurde, vor allem als Vorverkaufsstelle für Tickets nach Ellis Island und zur Freiheitsstatue. Ein kleines Museum informiert über die Geschichte des Orts. ■ Battery Park, 26 Wall St., Subway 4, 5 Bowling Green, 1, R, W South Ferry, www.nps.gov/cacl, www.castlegarden.org, tgl. 7.45–17 Uhr, Eintritt frei

 Restaurants

€€–€€€ | **Pier A Harbor House** Als Logenplatz zum Sonnenuntergang im Battery Park gilt die Terrasse des Pier A Harbor House von 1886, einst Hauptquartier der New Yorker Hafenpolizei, mit etlichen Bar-Restaurants im Inneren und Blick übers Wasser. Abends meist sehr voll und entsprechend laut. Die Menüs sind teuer, aber es gibt small plates für den kleinen Hunger wie Potato Wedges oder die Muschelsuppe Clam Chowder. ■ 22 Battery Pl., Tel. 212-785-0153, www.piera.com, tgl. 11–2 Uhr

 Kinder

Seaglass Carousel Beim sanften Ritt in einem der 30 großen, pastellfarbenen Fische aus Plexiglas soll man sich fühlen wie auf dem Meeresgrund, dafür sorgt auch die wechselnde Lichtregie im Pavillon, der einem Nautilus nachempfunden ist. Das Karussell erinnert daran, dass der Battery Park das erste New York Aquarium beherbergte. ■ Eingang State/Water Streets, www.seaglasscarousel.nyc, im Sommer tgl. 10 bis 22 Uhr, im Winter nur Sa, So, 5 $

Teardrop Park Der Abenteuerspielplatz zwischen zwei Hochhäusern im Norden von Battery Park nahe am Hudson ist mit Rutsche, Kletterwand und viel Wasser ideal für eine Pause an einem heißen Sommertag. ■ Zw. Warren und Murray Streets, www.bpcparks.org, jederzeit zugänglich

 Statue of Liberty

2 *Sinnbild für Freiheit und die Hoffnung von Millionen Einwanderern*

■ Fähre ab Castle Clinton/Battery Park tgl. alle 30 Min., Kernzeit 9.30–15, Hochsaison bis 18 Uhr, www.statuecruises.com
■ Die in drei Varianten erhältlichen Tickets enthalten jeweils die Fährfahrt und den Zutritt zu Liberty und Ellis Island mit dem Museum sowie einen Audio-Guide. Wochen oder besser Monate vorab reservieren unter www.statuecruises.com oder Tel. 1-877-523-9849.
■ Reserve Ticket 18,50 $, erm. 9/14 $, Zutritt zu beiden Inseln, kein langes Warten

Symbol des American Dream: Für zahllose Einwanderer verkörperte Lady Liberty die Verheißungen der Neuen Welt

in der Schlange vor dem Screening (Priority Entry)

■ Pedestal Ticket 18,50 $, erm. 9/14 $, Zutritt zu beiden Inseln plus Museum und Observation Deck im Sockel der Freiheitsstatue, zahlenmäßig begrenzt, unbedingt reservieren

■ Crown Ticket 21,50 $, erm. 12/17 $, für 3 $ zusätzlich erhält man Zugang zur Krone. Die 354 schmalen und steilen Stufen dürfen nur in Zehnergruppen bestiegen werden, Getränke sind nicht erlaubt.

Die Statue of Liberty ist das berühmteste Wahrzeichen New Yorks, wenn nicht der USA. Wer sie besuchen will, braucht vor allem Geduld. Nach den Anschlägen vom 11. September 2001 wurde die Statue für die Öffentlichkeit gesperrt und erst 2004 wieder freigegeben, mit höheren Sicherheitsauflagen. Besucher dürfen kaum Gepäck

Die Original-Fackel verbreitet ihr Licht im Statue of Liberty Museum

mitnehmen (keine Rucksäcke, keine großen Taschen) und müssen zwei Screenings wie am Flughafen durchlaufen, am Fährleger bei Castle Clinton und auf Liberty Island, ehe sie das Monument betreten dürfen.

Lady Liberty war ein Geschenk der französischen Republik zum 100. Jahrestag der amerikanischen Unabhängigkeit. Die Idee dafür hatte der französische Politiker und Kämpfer gegen die Sklaverei Édouard René de Laboulaye (1811–1883), der mit ihm befreundete Bildhauer Frédéric Auguste Bartholdi (1834–1904) setzte sie um. Das tragende Gerüst im Innern stammt von Gustave Eiffel (1832–1923), dem Konstrukteur des Eiffelturms in Paris.

Im Sockel der Statue informiert ein Museum über die Hintergründe ihrer Erbauung. Der in einem Stück gegossene Betonblock ist mit knapp 30 m fast so hoch wie die Statue selbst (33 m bis zur Krone, mit Fackel 46 m). Die sieben Strahlen der Krone symbolisieren die sieben Weltmeere und die sieben Kontinente. Die Fackel steht für Freiheit und Aufklärung, die die Welt erleuchten. Die zerbrochenen Ketten unter dem Fuß versinnbildlichen das Ende der Sklaverei. Frankreich wollte sich mit diesem Geschenk das Wohlwollen des aufstrebenden Amerika sichern. Seit 1984 gehört die Freiheitsstatue zum UNESCO-Weltkulturerbe und gilt als eine der meistfotografierten – und meistparodierten – Sehenswürdigkeiten der Welt.

Die berühmte Inschrift auf dem Sockel stammt aus einem Gedicht der jüdischen Schriftstellerin Emma Lazarus (1849–1887), die in New York lebte, und lädt die »Müden, die Armen und die geknechteten Massen« dazu ein, in der Neuen Welt ihr Glück zu suchen: »Give

In der Great Hall auf Ellis Island wurden Neuankömmlinge unter die Lupe genommen

me your tired, your poor, your huddled masses yearning to breathe free, the wretched refuse of your teeming shore. Send these, the homeless, tempest-tossed to me, I lift my lamp beside the golden door!« Auf der Tafel, die Lady Liberty im linken Arm hält, steht in lateinischen Ziffern das Datum der Unabhängigkeitserklärung.

5 Ellis Island

Bis 1954 die wichtigste Einwanderungsstation der Vereinigten Staaten

■ Fähre ab Castle Clinton/Battery Park tgl. alle 30 Min., Kernzeit 9.30–15, Hochsaison 8.30–18 Uhr. Die Fähre legt zuerst auf Liberty Island an und fährt anschließend nach Ellis Island weiter. Von dort geht es alle 30 Min. zurück nach Manhattan. Wer nach 14 Uhr startet, hat nur noch genügend Zeit für eine der beiden Sehenswürdigkeiten.

■ Tickets inkl. Fähre und Eintritt ins Museum 18,50 $, erm. 9/14 $, Hard Hat Tour 53,50 $, erm. 49 $

■ Fahrpläne und Ticketreservierung unter Tel. 1-877-9849, www.statuecruises.com, reservierte Tickets mit Zeitfenster haben Vorrang (Priority Entry)

■ Allgemeine Informationen über Ellis Island unter www.ellisisland.org und www.nps.gov/ellis

Millionen Europäer verließen im 19. Jh. ihre Heimat, um in den Vereinigten Staaten ein besseres Leben zu finden. 1892, auf dem Höhepunkt der Einwandererwelle, eröffneten die Amerikaner auf Ellis Island, weit weg vom Festland im Hafen von New York, eine Einreisebehörde. Hier untersuchte man die Ankommenden auf Krankheiten und unterzog sie einer strengen Befragung. 17 Mio. Einwanderer wurden registriert und bekamen ihren (oft neuen) amerikanischen Namen.

An manchen Tagen warteten bis zu 5000 Menschen auf den Holzbänken der großen Halle auf ihre Anhörung, die Anspannung war groß. Schon nach drei bis fünf Stunden fiel die Entscheidung, ob sie nach New York einreisen durften, 2 % der Immigranten wurden abgewiesen und mussten die Rückreise antreten.

Ellis Island wurde 1954 stillgelegt, das Hauptgebäude ist seit 1965 ein Museum. Mittelpunkt ist die Great Hall, in der die Einwanderer überprüft wurden; Fotos, Filme, Tagebuchaufzeichnungen und von zu Hause mitgebrachte Habseligkeiten erzählen von ihren Schicksalen. Hinter dem Hauptbau dokumentiert die »Wall of Honor« die Namen zahlloser Einwanderer, hier drängen sich die amerikanischen Besucher auf der Suche nach Spuren ihrer Vorfahren. Im American Family Immigration History Center kann man an Computern Ahnenforschung betreiben. Auf der 90-minütigen Hard Hat Tour erkundet man mit Schutzhelm ausgestattet das nicht restaurierte ehemalige Waschhaus und den Krankenhauskomplex von Ellis Island mit beeindruckenden Installationen des französischen Streetart-Künstlers JR an 16 Außenwänden.

6 Staten Island Ferry

 Grandiose Blicke auf Manhattan bei einer kostenlosen Fährfahrt

■ Subway 1 South Ferry, 4, 5 Bowling Green, J, Z Broad St., R Whitehall St.
■ Whitehall Ferry Terminal (South Ferry), 4 South St., www.siferry.com, Abfahrt tgl. rund um die Uhr alle 30 Min., werktags von 7–9 und 17–19 Uhr alle 15 Min., gratis

Eine Fahrt mit der Staten Island Ferry erinnert daran, dass Manhattan eine Insel ist

Die Fahrt von der Südspitze Manhattans nach Staten Island ist wohl die einzige Attraktion, die heute billiger ist als 1817. Damals kostete die Überfahrt 25 Cent, heute ist sie kostenlos. Jeden Tag nutzen 70 000 Pendler die orangefarbenen Fähren, um von ihrem Wohnsitz in New Yorks südlichem Stadtbezirk zu ihrem Arbeitsplatz in Manhattan zu gelangen. Am schönsten sind die Plätze im Freien mit Blick auf die Freiheitsstatue, auf Segler und die Schnellboote der Wasserpolizei, während die Wolkenkratzer Manhattans in der Gischt der Heckwelle immer kleiner werden. Drinnen checken die Berufstätigen ihr Handy, blättern durch die Zeitung oder ergeben sich dem Schlaf. Nach 22 Min. legt die Fähre in Staten Island (S. 119) an, und alle Passagiere müssen das Schiff verlassen. Wer gleich zurückfahren will, stellt sich im Warteraum des Terminals an, um wieder an Bord zu gehen. Wer mehr Zeit hat, wirft einen Blick auf die Bauarbeiten der Anlegestation St. George, wo das 192 m hohe Riesenrad New York Wheel entsteht, zusammen mit einer Promenade sowie einer Shoppingmall mit Hotel und Restaurants.

7 Governors Island

Sommerliches Freizeitparadies im Hafen von Manhattan

■ Fähre ab Battery Maritime Building (neben dem Staten Island Ferry Terminal), www.govisland.com, Anf. Mai–Ende Sept. Mo–Fr 10–18, Sa, So 10–19 Uhr, letzte Rückfahrt ab Governors Island Mo–Fr 18, Sa, So 19 Uhr, von Brooklyn gibt es Fährverbindungen ab Pier 6 am Ende der Atlantic Avenue (Fahrplan s. Website), 2 $, Sa, So bis einschließlich 11.30 Uhr gratis

Lange Militärstützpunkt, nun Manhattans jüngster Park: Governors Island

Selbst viele New Yorker kennen sie nicht, die unbewohnte Insel eine halbe Meile vor Manhattan. Lange Jahre war sie als Stützpunkt der US-Army für die Öffentlichkeit tabu. Inzwischen hat die Stadt New York die 70 ha große Insel für knapp 400 Mio. Dollar zum sommerlichen Freizeitparadies umgestaltet, mit Liegewiesen und Radwegen, Picknick- und Spielplätzen, mit Food Trucks und kleinen Kneipen, Galerien und Ausstellungen, Kulturevents und Kinderprogrammen. Man kann ein Rad mieten, Castle Williams und Fort Jay besichtigen, mit einem Ranger die Insel umrunden, Kajak fahren oder einfach nur faulenzen – immer mit Blick auf Lady Liberty, auf die Wolkenkratzer von Downtown Manhattan und die Piers von Brooklyn.

8 Financial District

Motor der Weltwirtschaft und historische Keimzelle New Yorks

![Federal Hall – an dieser Stelle tagte der erste Kongress der Vereinigten Staaten]

Federal Hall – an dieser Stelle tagte der erste Kongress der Vereinigten Staaten

 Information

■ Wall Street und Umgebung Subway 4 Wall St., Woolworth Building und City Hall 4, 5, 6 Brooklyn Bridge-City Hall und N, R, W City Hall

Hier wurde New York 1624 von niederländischen Kaufleuten gegründet, hieß erst einmal Nieuw Nederland und später Nieuw Amsterdam, bis die Briten die Siedlung 1664 zu Ehren des Herzogs von York in New York umbenannten. Dort, wo die Siedler einst eine Mauer (wall) zum Schutz vor feindlichen Überfällen errichteten, verläuft heute die Wall Street, die mit der Börse als Zentrum des Financial District gilt. Östlich davon lag einst der Hafen mit Lagerhäusern und Kontoren, heute ein cooles Bummelquartier mit Blick auf Brooklyn Bridge und East River. Auch das älteste Sträßchen New Yorks ist im Financial District zu finden, ebenso zwei der ältesten Kirchen. Berühmtheiten der ersten Stunde liegen auf dem Friedhof der Trinity Church begraben, und auch die Kapelle steht noch, in der George Washington, einer der Gründerväter und erster Präsident der Vereinigten Staaten von Amerika, einst betete. Auch der Fußweg über die Brooklyn Bridge, die schönste Brücke der Stadt, startet im Financial District.

Plan
S. 33

b Charging Bull
| Skulptur |

Der »Stürmende Bulle« der Wall Street wurde 1989 vom italo-amerikanischen Künstler Arturo Di Modica geschaffen und ursprünglich heimlich bei einer spontanen nächtlichen Streetart-Aktion aufgestellt. Doch schnell erlangte die Bronzeskulptur internationale Bekanntheit und gilt seither als Symbol

ADAC *Spartipp*

Beim **Museumsbesuch** hilft richtiges Timing Geld zu sparen: Das MoMA sowie das Museum of the Moving Image in Queens sind freitags ab 16 Uhr gratis. Im Whitney Museum of American Art heißt es freitags ab 19 Uhr pay-what-you-wish, in der Frick Collection mittwochs von 14–18 Uhr und im Guggenheim Museum samstags von 17.45–19.45 Uhr. Das National Museum of the American Indian und weitere 23 Museen und Ausstellungen sind immer frei. Vollständige Liste der Museen und Vergünstigungen unter www.nycgo.com/articlesfree-nyc-museums.

◉ Sehenswert

a National Museum of the American Indian
| Kunstmuseum |

In den reich mit Wandmalereien dekorierten Räumen des ehemaligen Zollgebäudes werden seit 1994 in Wechselausstellungen Kunst, Kleidung und Gebrauchsgegenstände verschiedener Indianerstämme gezeigt. Die über 700 Objekte umfassende Sammlung ist eine Unterabteilung der Smithsonian Institution in Washington.

 1 Bowling Green (zw. State und Whitehall Sts.), www.nmai.si.edu, tgl. 10–17, Do bis 20 Uhr, Eintritt frei

der Wall Street, sie gehört aber weiterhin dem Künstler und nicht der Stadt New York. Der Bulle ist 3,5 t schwer, 6 m lang und 3,4 m hoch. Im März 2017 stellte man ihm das »Fearless Girl« von Kristen Visbal gegenüber, die Bronzestatue eines kleinen Mädchens, das dem Stier mutig die Stirn bietet. Di Modica beklagte, dass der Sinn seines

Im Blickpunkt

Die wichtigste Börse der Welt

Die Ursprünge der New Yorker Börse liegen im Jahr 1792 – damals unterzeichneten 24 Broker unter einer Platane das sogenannte Buttonwood-Abkommen, in dem sie feste Handelszeiten und Provisionssätze vereinbarten – damit war ein Finanzplatz mit einheitlichen Regeln entstanden. Die große Zeit der Börse begann aber erst Ende des 19. Jh., als im Zuge der Industrialisierung große Unternehmen mit immensem Kapitalbedarf entstanden. Heute ist die Börse ein milliardenschweres Finanzzentrum und ein Seismograf der Weltwirtschaft. Ihre globale Relevanz zeigte sich besonders bei den Crashs, die ihre Geschichte begleiteten, vom Platzen der ersten Spekulationsblase 1837 über den Schwarzen Freitag im Oktober 1929 bis zur 2008 einsetzenden Banken- und Finanzkrise. Aus Wut über die entfesselten Finanzmärkte und eine superreiche Elite entstand 2011 die Protestbewegung »Occupy Wall Street«.

Werkes dadurch verändert und der Bulle zu einem Symbol männlichen Chauvinismus gemacht werde.

 Broadway/Morris St., Subway 4, 5 Bowling Green

c Wall Street
| Straße |

Als New York noch New Amsterdam hieß und eine holländische Kolonie war, verlief entlang der heutigen Wall Street die Nordgrenze der Siedlung. Ein knapp 3 m hoher hölzerner Wall sollte die gefürchteten britischen Invasoren abhalten – ihm verdankt die Straße ihren Namen. Am östlichen Ende (heute Ecke Pearl und White Streets) befand sich der größte Sklavenmarkt des ganzen Landes, erst 1827 wurde in New York der Sklavenhandel per Gesetz abgeschafft. Heute gilt die Wall Street als Zentrum der internationalen Finanzwelt. Sehenswerte Bauten sind das Art-déco-Juwel 1 Wall Street mit prachtvoller Lobby, 40 Wall Street, das 1929 in einem Höhenwettlauf mit dem Chrysler Building entstand, und

schließlich als wichtigste Adresse Nummer 11 Wall Street: die New York Stock Exchange (NYSE).

d New York Stock Exchange (NYSE)
| Aktienbörse |

Die NYSE ist die weltweit größte Börse für Wertpapiere, täglich werden hier mehrere Milliarden Aktien gehandelt. Die klassizistische Tempelfassade ist meist von einer gigantischen Flagge überspannt. Der Bau des Architekten George B. Post wurde 1903 eröffnet, den Dreiecksgiebel des Eingangsportals schmückt eine Skulpturengruppe mit dem hehren Titel »Integrity Protecting the Works of Man« (»Rechtschaffenheit schützt der Menschen Werk«). Die Figuren stehen für die einstigen Quellen amerikanischen Reichtums: links Landwirtschaft und Bergbau, rechts Wissenschaft, Industrie und Erfindergeist. Das Gebäude ist seit 9/11 für Publikum gesperrt.

 11 Wall St., Tel. 212-656-3000, www.nyse.com

e Federal Hall National Memorial
| Denkmal |

Eine Skulptur auf den Treppen des prächtigen klassizistischen Baus erinnert daran, dass George Washington 1789 im Vorgängerbau der Federal Hall als erster US-Präsident vereidigt wurde. Auch der erste Kongress der jungen Nation tagte hier und verabschiedete die Bill of Rights. Im Innern informiert eine Ausstellung über die Geschichte des Orts.

■ 26 Wall St., www.nps.gov/feha, Mo–Fr 9–17 Uhr, mehrmals tgl. Führungen, Eintritt frei

f Museum of American Finance
| Finanzmuseum |

In der prächtigen Schalterhalle der ehemaligen Bank of New York informieren Ausstellungen über die Geschichte der amerikanischen Währung, das Finanzwesen und die Börse. In der Abteilung »Entrepreneurs« stellen Videointerviews einflussreiche Unternehmer vor. Ein eigener Raum ist Alexander Hamilton (1757–1804) gewidmet, der als erster Finanzminister der USA wesentlich zum Aufbau des Bankensystems beitrug.

■ 48 Wall St., www.moaf.org, Di–So 10–16 Uhr, 8 $, erm. 5 $

Buntglasfenster filtern das Licht im Inneren der Trinity Church

g Trinity Church
| Kirche |

Die Trinity Church gilt als eine der ältesten anglikanischen Kirchen der USA. Bereits 1697 gegründet, wurde das heutige Gotteshaus 1846 eingeweiht und war für ein halbes Jahrhundert New Yorks höchstes Bauwerk. Heute wirkt die Kirche in der Straßenschlucht der Wall Street wie eine zierliche Kapelle. Auf dem Friedhof, dem Trinity Churchyard, sind VIPs der ersten Stunde bestattet wie Alexander Hamilton, einer der Gründerväter der USA und der erste Finanzminister.

■ Broadway/Wall St., www.trinitywall street.org, tgl. 7–18 Uhr, Führungen Mo–Fr 14 Uhr, Do um 13 Uhr klassische Konzerte, Eintritt frei, Spende erbeten

h St. Paul's Chapel
| Kirche |

St. Paul's wurde 1766 vollendet und ist damit die älteste Kirche in Manhattan. George Washington schickte hier ein Dankgebet zum Himmel, als er ins Präsidentenamt eingeführt wurde, im Nordchor ist sein Kirchenstuhl markiert. Nach den Anschlägen vom 11. September 2001 wurde die auf wundersame Weise fast unbeschädigt gebliebene Kapelle zur Anlaufstation für die Feuerwehrmänner und Helfer von Ground Zero. Die New Yorker drückten mit am Zaun befestigten Gegenständen ihre Trauer und Anteilnahme für die Angehörigen der Opfer aus. Einige davon sind in der Ausstellung zu sehen, die inzwischen in der Chapel of Remembrance eingerichtet wurde.

■ 209 Broadway/Fulton St., www. trinitywallstreet.org/about/st-pauls, Mo–Sa 10–18, So 7–21 Uhr

i Old New York Evening Post Building
| Architektur |

Das 14 Stockwerke hohe Gebäude aus dem Jahr 1906 ist einer der seltenen Jugendstilbauten New Yorks und steht seit 1965 unter Denkmalschutz. Das Werk des Architekten Robert D. Kohn könnte mit seinen Ornamenten, den gebogenen Fenstern und dem Kupferdach ebenso an einem Pariser Boulevard stehen. Die Zeitung, die dem Gebäude seinen Namen gab, erscheint seit 1934 als »New York Post« im gleichen Haus. Im 19. Jh. hatten sich die meisten Redaktionen in Rathausnähe angesiedelt, die Park Row östlich der City Hall galt damals als »Newspaper Row«. Heute sind die Verlagshäuser über die ganze Stadt verteilt.

■ 20 Vesey St.

j Woolworth Building
| Architektur |

Das als Verwaltungssitz der gleichnamigen Kaufhauskette erbaute Woolworth Building ist der älteste Wolkenkratzer der Stadt. Als es 1913 eröffnet wurde, war es mit 241 m das höchste Gebäude der Welt und blieb bis 1930 das höchste in New York. Weil es sich für eine »Kathedrale des Kommerzes« anbot, verband Architekt Cass Gilbert beim Entwurf für seinen Hochhausbau moderne Konstruktionstechnik mit Stilelementen der Gotik: Die Fassade schmücken Strebepfeiler, Türmchen, Spitzbögen und Wasserspeier. In der prächtigen dreistöckigen Lobby, die im Rahmen von Führungen besichtigt werden kann, wacht in einem Tympanon über dem Eingang »Lady Commerce« mit ihren Dienern über den Welthandel. Wände und Decken sind reich mit Mosaiken und Buntglasfenstern von Tiffany verziert. Eine Figur unter der Brüstung der Empore stellt Frank W. Woolworth dar, den Gründer des Kaufhaus-Imperiums. Das Geldstück in seiner Hand spielt auf das Konzept an, in seinen Läden alle Waren offen auf Verkaufstischen anzubieten, ausgezeichnet mit Preisen von fünf bzw. zehn Cent. Mit den five-and-dime stores revolutionierte Woolworth den Einzelhandel und wurde zu einem der reichsten Männer der Welt. Kürzlich wurden die obersten Stockwerke zu 40 Luxusapartments umgebaut, die zu den teuersten Wohnadressen in Manhattan zählen.

■ 233 Broadway, die Lobby ist nur im Rahmen einer geführten Tour zu besichtigen, 30-minütige Tour 20 $, 60-minütige Tour 30 $, 90-minütige Tour einschließlich Mezzanine Level 45 $, Buchung online unter www.woolworthtours.com

k City Hall
| Architektur |

Die City Hall wurde von 1803 bis 1812 erbaut und ist das älteste noch als solches genutzte Rathaus der USA. Weil sie damals an der Nordgrenze der Stadt stand, wurde ursprünglich nur ihre Fassade mit Marmor verkleidet. Bei Führungen sieht man u.a. den Schreibtisch, den George Washington 1789 benutzte. Hinter dem Rathaus stehen weitere Verwaltungsgebäude wie das County Court House, das die New Yorker auch Tweed Courthouse nennen, nach dem gleichnamigen korrupten Politiker. Das Municipal Building von 1914 ist eines der größten Regierungsgebäude der Welt.

■ City Hall Park, kostenlose Führungen Mi 12 Uhr, Anmeldung 9–11.30 Uhr am Visit-NY-Stand am Südende des City Hall Park (Broadway/Barclay St.).

ADAC *Mittendrin*

Das Gesetz im Bundesstaat New York schreibt vor, dass jeder Festgenommene binnen 24 Std. das Recht auf eine richterliche Anhörung hat. Dabei wird entschieden, ob er in Haft bleibt oder gegen Kaution freigelassen wird. Weil die New Yorker Gerichte das innerhalb der regulären Arbeitszeiten nicht schaffen, gibt es seit 20 Jahren den **Night Court,** wo täglich bis 1 Uhr nachts im Eilverfahren Recht gesprochen wird. Die Anhörungen sind laut Gesetz öffentlich, wer ihnen beiwohnen will, wird am Eingang durchleuchtet und muss, wie am Flughafen, die Taschen leeren (Criminal Court Building, 100 Centre St., tgl. 17–1 Uhr).

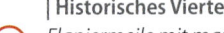

Nett zum Bummeln: der South Street Seaport mit seinen Läden und Lokalen

⓵ 8 Spruce Street
| Moderne Architektur |

»New York by Gehry« – »New York, wie Gehry es sieht« nennt sich der Apartmentriese nahe der Brooklyn Bridge. Das erste Hochhaus des Stararchitekten Frank Gehry (Erbauer des Guggenheim-Museums in Bilbao) wurde 2011 eröffnet: 267 m und 76 Stockwerke hoch mit 903 Mietwohnungen, fast alle mit unterschiedlichen Grundrissen. Die gewellte Fassade aus schimmerndem Aluminium besteht aus mehr als 10 000 Einzelteilen. Ein Einzimmerapartment kostet im Monat 2700 $ Miete, Family Units 7000 $. Einige Wohnungen sind noch zu haben … Einen ästhetischen Bruch stellt der Backsteinsockel dar, der eine Schule beherbergt – ein mit finanziellen Vorteilen verbundenes Zugeständnis an die New Yorker Bauordnung.

■ 8 Spruce/William St., www.newyork bygehry.com

⓶ South Street Seaport
| Historisches Viertel |

⌖ *Flaniermeile mit maritimem Flair und Museumsschiffen*

Das alte Hafenviertel ist Fußgängerzone und ein beliebtes Bummelrevier mit Ausstellungen zur maritimen Geschichte, historischen Bauten und Museumsschiffen wie dem Schoner »Pioneer« und dem Großsegler »Wavertree«, beide aus dem Jahr 1885, die besichtigt werden können. Der frühere Pier 17 wurde von Hurrikan Sandy zerstört, zurzeit entsteht hier ein neuer Einkaufs- und Entertainmentkomplex. In den 1811–1813 errichteten Lagerhäusern der Schermerhorn Row locken Boutiquen und Kneipen Besucher an. Das South Street Seaport Museum informiert über die Geschichte der Seefahrt und des Handels. An der Ecke Fulton/Water Streets erinnert der Titanic Park mit seinem Memorial an die Schiffskatastrophe von 1912.

An Pier 11 legen die Fähren zum Hudson River und nach New Jersey ab, die gelben Water Taxis und die East River Ferries Richtung Brooklyn, Queens und Midtown. Die Piers sind durch die neue East River Waterfront Esplanade verbunden, Teil des East River Greenway, der sich als Fuß- und Radweg über den Battery Park bis hinauf nach Harlem zieht.

■ 12 Fulton/South St., Subway 2, 3, 4, 5, A, C, J, Z Fulton St., www.southstreetsea port.com, Museum www.southstreetsea portmuseum.org, Mi–So 11–17 Uhr, Eintritt (gilt für Museum und geführte Touren auf den Schiffen) 12 $, erm. 8/6 $

ⓝ Elevated Acre
| Dachgarten |

Wer in New York in die Höhe bauen will, muss dafür im Gegenzug Platz für die Öffentlichkeit schaffen. Diesem Gesetz verdankt der Elevated Acre, ein höhergelegter Park auf dem Dach eines dreistöckigen Gebäudes, seine Entstehung. 4000 m² mussten die Bauherren von 55 Water Street der Allgemeinheit spendieren, damit sie einen 54 Stockwerke hohen Bau an den East River setzen durften. So entstand dieses begrünte Terrain mit Bänken, hölzernen Stegen und einem Amphitheater für Events – alles mit Blick auf den Fluss. Auch akustisch bleibt die Großstadt präsent, denn schräg gegenüber starten Helikopterrundflüge und auf dem Franklin D. Roosevelt Drive rauscht der Verkehr. Manchmal ist der Dachgarten gesperrt, weil er für private Anlässe gemietet werden kann.

■ 55 Water St., Zugang von der Water St. über Rolltreppen, Subway 1, 5 South Ferry Station, www.55water.com/buil ding/amenities/elevated-acre

Im Blickpunkt

Die neuen Luftschlösser

Überall in Manhattan wachsen neue Luxuswolkenkratzer in den Himmel, wie 432 Park Avenue, One Vanderbilt in der gleichnamigen Avenue oder 30 Park Place, 118 Fulton Street und 161 Maiden Lane in Lower Manhattan. Sie werfen ihren langen Schatten auch in den geliebten Central Park, wie der Central Park Tower (225 W. 57st St.) und der 306 m hohe Turm One57. New Yorks neue Skyscraper sind Adresse und Symbol einer globalen Elite, die Residenzen sammelt wie andere Leute Kronkorken. Die Besitzer der Luxusbleiben mit einem Quadratmeterpreis von über 50 000 Dollar leben in China, Saudi-Arabien oder Russland und nutzen die Immobilien zum Steuersparen. Sind sie doch einmal anwesend, stehen ihnen Extras wie Pool, Spa, Sportstudio und Kino zur Verfügung.

Restaurants

€ | Adrienne's Pizzabar Die Stone Street gilt als älteste Straße New Yorks und wurde noch von den holländischen Siedlern angelegt. Die Pizza, die bei Adrienne's auf viereckigen Blechen aus dem Ofen kommt, isst man bei gutem Wetter im Freien. ■ 54 Stone St., Tel. 212-248-3838, www.adriennes pizzabarnyc.com, Mo–Do 11.30–23, Fr, Sa bis 24, So bis 22 Uhr, Plan S. 33 b4

€ | El Luchador Mexikanisches Streetfood (Burritos, Tacos, Quesadillas) mit hausgemachten Salsas, serviert in einem umgebauten, silbernen Airstream aus den 1960er-Jahren. ■ South Street Seaport, 87 South St. (nahe John St.), Tel. 646-398-7499, http://elluchador.nyc, tgl. 11–22 Uhr, Plan S. 33 d3

€ | GRK Fresh Greek Gyros Gegrilltes, Gyros und Salate, alles frisch für den schnellen Hunger. Lecker als Dessert: Baklava mit Greek Frozen Yoghurt. ■ 111 Fulton St. (nahe Dutch St.), Tel. 212-385-2010, www.grkfresh.com, Mo–Fr 11–22, Sa, So 12–22 Uhr, Plan S. 33 c2

€–€€ | Pisillo Italian Panini Gehaltvolle Sandwiches mit besten, aus Italien importierten Zutaten, in Portionen, die eine Mahlzeit ersetzen. Keine Kreditkarten. ■ 97 Nassau St. (nahe Ann St.), Tel. 212-227-3104, www.pisillopanini.com, Mo–Sa 11–18 Uhr, Plan S. 33 c1

€€€ | Harry's Café and Steak Bestes Fleisch in noblem Ambiente: Harry's ist eine Wall-Street-Institution und in Tom Wolf's »Fegefeuer der Eitelkeiten« ebenso wie in Brett Easton Ellis »American Psycho« literarisch verewigt. Am Abend unbedingt reservieren. ■ 1 Hanover Sq., Tel. 212-785-9200, www.harrys nyc.com, Mo–Fr 11.30–24, Sa 11–24, Bar 11–2 Uhr, Sa 11–15 Uhr Champagner-Brunch, Plan S. 33 b4

Einkaufen

Century 21 Seit 50 Jahren gilt das Kaufhaus als Mutter aller Outlets. Vier Stockwerke prall gefüllt mit Designerware, die bis zu 65 % herabgesetzt ist. ■ 22 Cortlandt St. (zw. Broadway und Church Sts.), www.c21stores.com, Mo–Fr 8–21, Sa 10–21, So 11–20 Uhr, Plan S. 33 b1

Lot-Less Closeouts Die Retail-Kette verkauft Auslaufmodelle und Überproduktionen – neben Mode und Kosmetika auch Elektroartikel, Haushaltswaren, Spielzeug und Feinkost. ■ 97 Chambers St. (nahe Church St.), www.lot-less.com, Mo–Fr 7.30–20.30, Sa, So 10–9 Uhr, Plan S. 33 nördl. c1

Erlebnisse

Food Cart Tour Unter den Food Trucks gibt es wahre Gourmetadressen, ein halbes Dutzend lernt man bei dieser zweistündigen informativen und vergnüglichen Tour kennen – das Menü wechselt und reicht von Halal Chicken über koreanisches BBQ und Falafel bis zu belgischen Waffeln. Danach ist man satt und glücklich und hat jede Menge Neues zum Thema Street Food erfahren. ■ www.turnstiletours.com/tours/food-carts-and-food-trucks, Touren 2- bis 3-mal pro Woche im Financial District und in Midtown, Termine, Details und Treffpunkt online, 48 $, erm. 43,20/24 $

 Brooklyn Bridge

New Yorks schönster Flanierweg führt über den East River

■ Zugang zum Walkway in Manhattan östlich der City Hall, Subway Brooklyn Bridge/City Hall, in Brooklyn über Cadman Plaza, Subway A, C High St.

Die Brooklyn Bridge gilt als die schönste der New Yorker Brücken, die berühmteste ist sie ohnehin. Bei ihrer Eröffnung 1883 war sie die längste Hängebrücke der Welt und wurde als ingenieurstechnisches Wunderwerk gefeiert. Der hölzerne Walkway für

Auf dem Walkway der Brooklyn Bridge kann man sich die Brückenlegende erlaufen

Im Blickpunkt

Big Time im Big Apple

Wieso hat eine Stadt wie New York ausgerechnet einen Apfel als Symbol? Wer New Yorker befragt, bekommt die unterschiedlichsten Antworten, aber längst nicht immer die richtige: In den 1920er- und 1930er-Jahren nannten Jazzmusiker einen Auftritt »apple«, und wer es schaffte, in New York einen Gig zu bekommen, hatte »the big apple«, einen Volltreffer, denn mit dem Erfolg in New York ging meist auch die Karriere durch die Decke. 1971 kam dieser Musiker-Slang dem damaligen Chef des New York Convention and Visitors Bureau Charles Gillett zu Ohren, der das Potenzial erkannte und mit dem Apfel auch gleich ein optisches Markenzeichen schuf. Heute gilt es weltweit als Symbol für New York City. 1997 wurde die Straßenecke Broadway/54th Street in »Big Apple Corner« umbenannt.

Fußgänger hoch über den Fahrbahnen ist 1800 m lang, und mit Schauen und Fotografieren braucht man dafür leicht 45 Min., Holzbänke laden unterwegs zu einer Pause ein. Den schönsten Blick hat man vom Stadtteil Brooklyn Richtung Manhattan, am besten zum Sonnenaufgang, wenn Fenster und Fassaden im ersten Sonnenlicht gleißen, oder abends, wenn die Lichter in den Hochhäusern angehen.

Konstruiert hat die Brücke der aus Thüringen stammende Ingenieur Johann August Roebling. Die Idee für das Projekt kam ihm, als er im Winter mit der Fähre im Eis des East River steckenblieb. Doch bis zur Genehmigung und Finanzierung vergingen Jahre, und 1869 verunglückte Roebling bei Vermessungsarbeiten so schwer, dass er drei Wochen nach Baubeginn starb. Sein Sohn Washington führte die Arbeiten fort, bekam aber 1872 die Taucherkrankheit, saß fortan im Rollstuhl und verfolgte die Bauarbeiten mit dem Teleskop vom Fenster seines Büros aus. Die über 20 m tiefen Baugruben im Wasser wurden damals mit Senkkästen ausgehoben, keiner wusste von den medizinischen Risiken der Arbeit unter Wasser. Mehr als 20 Arbeiter starben, viele wurden schwer krank. Roeblings Frau Emily übernahm die Bauleitung und eröffnete die Brücke elf Jahre später. Vielen war die gewagte Konstruktion suspekt: 1883 löste eine stolpernde Frau eine Massenpanik aus, bei der 12 Menschen ums Leben kamen. 1884 wurden daher als Beweis für ihre Tragfähigkeit 21 Elefanten des Zirkus Barnum über die Brooklyn Bridge geführt. Heute überqueren täglich 120 000 Fahrzeuge die sechs Spuren, 6000 Fußgänger und 4000 Radfahrer nutzen den hölzernen Gehweg.

Am Abend

An warmen Sommerabenden wird die kleine Stone Street im Financial District zur Partymeile. Sie gilt als die älteste Straße New Yorks. Ansonsten ist nachts eher tote Hose, nur im irischen Pub »Dead Rabbit« geht es hoch her.

Kneipen, Bars und Clubs

The Dead Rabbit In einem Gebäude von 1884 eröffneten zwei abenteuerlustige Iren eine Kneipe, die schon viermal »Best Bar of North America« war und 2016 zur »World's Best Bar« gewählt wurde. Neben einer großen Auswahl an Biersorten gibt es erstklassige Cocktails und deftiges Pub Food. ■ 30 Water St., Subway 1 South Ferry, N, R Whitehall, 4, 5 Bowling Green, Tel. 646-422-7906, www.deadrabbit nyc.com, tgl. 11–4 Uhr

Übernachten

Tagsüber geht es im Financial District turbulent zu, abends dagegen und am Wochenende ist es erstaunlich still, kaum ein Laut stört die Nachtruhe. Viele Hotels bieten von Freitag bis Montag Rabatte.

€–€€

Holiday Inn Manhattan Financial District Nahe WTC Site, mit 50 Stockwerken weltweit das höchste Haus der Kette. ■ 99 Washington St., Tel. 212-791-2900, www.ihg.com

€€

Aloft Manhattan Downtown Tolle Lage in einer stillen Seitenstraße im Financial District. ■ 49–53 Ann St., Tel. 212-513-0003, www.aloftmanhattan downtown.com

€€–€€€

AKA Wallstreet 132 Studios und Suiten mit Küche, dazu eine Dachterrasse und ein Fitnessstudio – ideal für einen längeren Aufenthalt. ■ 84 William St., Tel. 212-252-9090, www.stayaka. com/aka-wall-street

Residence Inn by Marriott New York Downtown Manhattan/World Trade Center Area Superlage, große bequeme Betten, warmes, amerikanisches Frühstück inklusive. ■ 170 Broadway, Tel. 212-600-8900, www.marriott.de

€€€

Conrad New York Luxuriöses, mit zeitgenössischer Kunst ausgestattetes Hotel am Battery Park, 463 stylische Suiten, viele davon mit Blick auf den Hudson, Frühstück à la carte inklusive. ■ 102 North End Ave., Tel. 212-945-0100, www.conradnewyork.com

Neighborhoods

Die Viertel nördlich von Downtown muten fast kleinstädtisch an –
mit niedrigen Häusern und baumbestandenen Straßen

Das häufig gebrauchte Bild von New York als melting pot hat noch nie den Kern getroffen. Nicht vom Verschmelzen der kulturellen und sozialen Gegensätze ist das Leben am Hudson geprägt, sondern von ihrem Kontrast. Das lässt sich am schönsten in den unterschiedlichen Vierteln südlich der 14th Street erleben, deren Bild Einwanderer und Künstler prägten.

In New York mietet sich niemand einfach nur eine Wohnung, sondern man entscheidet sich für eine Neighborhood, eine Nachbarschaft, die alle Funktionen einer Dorfgemeinschaft übernimmt und für emotionale Geborgenheit sorgt. Auch die ethnische Zugehörigkeit und der soziale Status sind mächtige Mauern im gesellschaftlichen Leben der Stadt. Sie machen Manhattan speziell südlich der 14th Street zum Patchwork unterschiedlicher Stadtteile mit eigener

Persönlichkeit, und mit standorttreuen Einwohnern – so gibt es in Chinatown zigtausend Chinesen, die kein Englisch sprechen und ihr Viertel noch nie verlassen haben.

Andererseits: Die einzige Konstante in New York ist der Wandel, hier bleibt nichts, wie es ist. Das gilt auch für die Neighborhoods, die einem drastischen Wandel unterworfen sind oder ihn bereits durchgemacht haben. Das Muster der sogenannten Gentrifizierung ist dabei immer das gleiche: Die Subkultur entdeckt einen heruntergekommenen, billigen Bezirk, macht ihn bewohnbar und die Gegend wandelt sich binnen der nächsten Jahre zum Künstlerviertel. Bald darauf übernimmt der Kommerz und die Mieten gehen durch die Decke. Die Subkultur ist da schon längst weitergezogen. Dieser Wandel von der Schmuddelecke zum In-Place lässt sich derzeit im Meatpacking District erleben.

In diesem Kapitel:

ADAC Empfehlungen:

 Chinatown
| Stadtteil |
Nirgendwo ist New York exotischer, und nirgendwo kann man so preiswert gut essen. 44

 Lower East Side Tenement Museum
| Geschichtsmuseum |
In der Mietskaserne wird man zurückgebeamt in die Zeit der ersten großen Einwanderungswelle. 47

 Katz's Deli
| Feinschmeckerimbiss |
Schon bevor hier die legendäre Szene aus »Harry & Sally« gedreht wurde, war der Deli berühmt für seine Pastrami-Sandwiches. 48

 Greenwich Village
| Stadtteil |
Kleinstädtisch anmutendes Bohème-Viertel mit historischer Bebauung – ideal zum Bummeln. 52

 High Line Park
| Park |
Der originelle Park auf einer stillgelegten Hochbahntrasse gab der ganzen Gegend neue Impulse. 54

 Whitney Museum of American Art
| Kunstmuseum |
Von den Terrassen des spektakulären Museumsneubaus genießt man schöne Ausblicke über Meatpacking District und Hudson. 55

Chinatown: schrill, bunt und nicht nur kulinarisch voller Überraschungen

10 Tribeca

Wohnviertel der Prominenz mit teuren Läden und Restaurants

■ Subway 1 Franklin St., A, C, E Canal St., 1, 2, 3 Chambers St.

Tribeca steht für **Tri**angle **be**low **Ca**nal Street. Das ehemalige Industrieviertel nördlich vom World Trade Center mit seinen luxussanierten Lofts und Lagerhallen ist eine beliebte Adresse für Stars und geldschwere Prominenz. Auch Robert de Niro wohnt hier, Gründer des renommierten Tribeca Film Festivals und Eigentümer des teuren Gourmetrestaurants TriBeCa Grill und des Greenwich Hotel in der Greenwich Street. Harrison Street und die Fußgängerbrücke in der kurzen Staple Street sind beliebte Fotomotive.

11 Chinatown

 Die größte Chinatown der USA verspricht kulinarische Erlebnisse

■ Subway 6, J, N, Q, R Canal St.

Niemand weiß genau, wie viele Chinesen hier leben, im Geviert zwischen Broome Street im Norden, Worth Street im Süden, Broadway im Westen und Allen Street im Osten. Sind es 90 000 oder 180 000? In jedem Fall mehr als irgendwo sonst außerhalb von China. Mit jedem Schritt gerät man tiefer in eine fremde Welt: exotische Läden, lebendige Fische, Krabben, Muscheln und Frösche in Bottichen am Straßenrand, rot gebeizte Enten in den Auslagen, chinesische Schriftzeichen, Pagoden und Tempel, dazu 200 Restaurants und zahllose

Straßenhändler mit Kitsch und Trödel. Alles begann im 19. Jh., als sich die ersten chinesischen Wanderarbeiter beim Eisenbahnbau verdingten. Weil sie härter und für weniger Geld schufteten als alle anderen Immigranten, waren sie unbeliebt und wurden massiv diskriminiert. Also halfen sie sich notgedrungen selbst. Chinatown ist bis heute eine geschlossene Gesellschaft, etwa die Hälfte der Einwohner spricht kein Englisch. Viele von ihnen rackern sich für einen Hungerlohn in Textilfabriken (sweat shops) ab.

 Sehenswert

Mott Street/Canal Street
| Flaniermeile |
Hier siedelten sich um 1880 die ersten Chinesen an. Heute drängen sich Händler mit Gewürzen, mit Gemüsebergen und Meeresgetier, das einem beim Vorbeigehen in die Augen schaut. In der kreuzenden Canal Street glitzern Schmuck und Tand um die Wette, man bekommt aber auch Nützliches wie Sonnenbrillen und T-Shirts zu Niedrigpreisen. Wo Preisschilder fehlen, ist Feilschen angesagt.

Museum of Chinese in America (MOCA)
| Geschichtsmuseum |
Die Geschichte der chinesischen Einwanderer wird in wechselnden Ausstellungen multimedial aufbereitet, mit Fotos, Ton- und Filmaufnahmen, Briefen und persönlichen Gebrauchsgegenständen. Zu den Highlights zählt die Rekonstruktion eines Ladens vom Anfang des 20. Jh.
■ 215 Centre St. (zw. Grand und Howard Sts.), www.mocanyc.org, Di–So 11–18, Do bis 21 Uhr, 10 $, erm. 5 $, 1. Do im Monat Eintritt frei

Mahayana Buddhist Temple
| Buddhistischer Tempel |
Chinatowns größter Tempel steht am Fuß der Manhattan Bridge, drinnen thront ein XXL-Buddha auf einem Lotusblatt. Die Stätte war nicht immer ein Ort des Gebetes, bis 1997 zeigte hier das Rosemary Theater Pornos und Kung-Fu-Filme. Der Gift Shop bietet neben buddhistischen Devotionalien auch Schmuck und Kunsthandwerk.
■ 133 Canal St. (nahe der Manhattan Bridge Plaza), http://en.mahayana.us, tgl. 8.30–18 Uhr

ADAC *Mobil*

New Yorks Entwicklung lässt sich im Stadtplan ablesen: Die Anfänge der Millionenstadt liegen südlich der 14th Street, wo in den Villages europäisches Straßengewirr mit Namen statt Nummern herrscht – für Flaneure ein Paradies, für Taxifahrer die Hölle. Das Gebiet nördlich davor wurde im 19. und 20. Jh. bebaut. Hier hat das Straßennetz eine streng rechtwinklige Schachbrettstruktur, die nur vom viel älteren Broadway durchbrochen wird. Die **Orientierung** ist leicht: Die von West nach Ost verlaufenden Straßen heißen Streets und sind von Süden nach Norden aufsteigend nummeriert. Bei den Avenues, den von Nord nach Süd verlaufenden Straßen, erfolgt die Nummerierung von Ost nach West. Bei Adressen gibt der Zusatz »West« oder »East« Auskunft darüber, ob man sich westlich oder östlich der Fifth Avenue befindet.

ADAC *Mittendrin*

Am Sonntagvormittag pilgern die New Yorker in Scharen zum **Dim Sum Brunch** nach Chinatown. Dabei werden Servierwagen durch die Tischreihen geschoben, bepackt mit Tellern und Bambusschälchen voller kleiner Köstlichkeiten – Frühlingsrollen, gefüllte Teigtaschen, Fleischklößchen. Kulinarische Abenteurer probieren Fung Zao, gebratene Hühnerfüße. Jeder Gast bekommt eine Bestellkarte, auf der abgestempelt wird, was man sich vom Servierwagen nimmt. Bestellt wird nach Optik – Nachfragen ist sinnlos, die Bedienung spricht nur kantonesisch.

 Restaurants

€ | **Great NY Noodletown** Das Licht ist grell, die Tische stehen zu dicht, aber das Essen ist so gut, dass selbst die Köche der Konkurrenz nach Feierabend hier speisen. Die meisten Gerichte kosten 5 $ oder weniger, auf den Teller kommen auch Scheiben der köstlichen Gänse, die im Fenster hängen. ■ 28 Bowery (nahe Bayard Street), Tel. 212-349-0923, www.greatnynoodletown.com, tgl. 9–4 Uhr

€ | **Jing Fong** Beliebte Adresse für Dim Sum und andere chinesische Gerichte, die Auswahl ist überwältigend. Eine Rolltreppe führt hinauf zum riesigen, schmucklosen Saal, besonders am Wochenende ist es laut und voll. Manchmal muss man anstehen, aber es lohnt sich. ■ 20 Elizabeth St. (zw. Canal und Bayard Sts.), Tel. 212-964-5256, www.jingfongny.com, Dim Sum tgl. 10–15.30, à la carte bis 22 Uhr

€€ | **Peking Duck House** Eine Institution. Die knusprig glänzende Pekingente wird am Tisch in mundgerechte Stücke zerteilt. Dazu gibt es kleine Teigfladen, die man mit einer Sauce nach Wahl bestreicht, darauf legt man dünne gedämpfte Lauchstreifen und das Fleisch. Einrollen und essen – Fingerfood vom Feinsten. ■ 28 Mott St., Tel. 212-227-1810, www.pekingduckhousenyc.com, So–Do 11.30 bis 22.30, Fr, Sa 11.45–23 Uhr

 Einkaufen

Canal Street Market Ein knappes Dutzend Stände bieten Kulinarisches von japanischen Ramen-Suppen bis zu neuenglischen Hummerspezialitäten (alles auch zum Mitnehmen). Einen Besuch wert ist die angeschlossene Retail-Outlet-Halle mit Schmuck, Fair-Trade-Mode, Taschen und originellen Geschenken – fast sämtlich handgefertigte Unikate. ■ 265 Canal St., www.canalstreet.market, Food Hall tgl. 10–20, Retail Outlets Mo–Mi 11–19, Do–Sa 11–20, So 11–18 Uhr

12 Lower East Side

Das dynamische Viertel wurde von Einwanderern geprägt

■ Subway F Delancey St., J, M, Z Essex St.
■ www.les.nyc, www.thelodownny.com

Ende des 19. Jh. war die Lower East Side von jüdischen Einwanderern aus Osteuropa dominiert, die zumeist in Textilfabriken arbeiteten. Für sie wurden die ersten Mietshäuser errichtet, in denen Großfamilien in ärmlichen und beengten Verhältnissen lebten. Jüdische Händler boten in der Orchard

Street billige Waren aus Handkarren an, in Straßenimbissen gab es koschere Mahlzeiten. Bagels, Pastrami, Knishes – all das ist jüdisches Erbe und längst fester Bestandteil des New Yorker Alltags. Heute schießen in der Lower East Side neue Apartmenthäuser, schicke Restaurants und Boutiquen aus dem Boden. Das Viertel ist eine beliebte Ausgehadresse für Clubgänger und alle, die Livemusik lieben. Samstagnacht werden die Rivington, Orchard und Ludlow Street zur Entertainment-Meile.

 Sehenswert

International Center of Photography

| Fotografiemuseum |

1974 von Cornell Capra, dem Bruder des berühmten Kriegsfotografen Robert Capra, gegründet, gilt das Museum als eines der besten seiner Art weltweit. Mit 150 000 Originalen dokumentiert es die Geschichte der Fotografie, daneben werden Wechselausstellungen gezeigt.

■ 250 Bowery, www.icp.org, Di–So 10–18, Do 10–21 Uhr, 14 $, erm. 10/12 $

New Museum of Contemporary Art

| Kunstmuseum |

Die Meinungen waren geteilt, als der Bau des japanischen Architekturbüros Sanaa 2007 eröffnet wurde: Das Gebäude sieht aus wie ein Stapel nachlässig aufeinandergetürmter Schachteln. Samstag und Sonntag ist der Sky Room im 7. Stock geöffnet und bietet spektakuläre Ausblicke über Lower Manhattan. Wechselnde Ausstellungen widmen sich zeitgenössischer Kunstproduktion.

■ 235 Bowery (nahe Prince St.), www.newmuseum.org, Di–So 11–18, Do bis 21 Uhr, $ 18, erm. 12/15 $, Do 19–21 Uhr pay-what-you-wish

Lower East Side Tenement Museum

| Geschichtsmuseum |

 Spannende Einblicke in das Leben früher Einwanderer

Das Haus Nr. 97 Orchard Street ist eines der frühesten tenements aus dem Jahr 1863, jener Mietshäuser, in denen 7000 Flüchtlinge der ersten Einwanderergeneration ein neues Zuhause fanden. In sechs unverändert erhaltenen Wohnungen bekommt man einen Eindruck von den damaligen armseligen Lebensverhältnissen. Das Museum kann man nicht auf eigene Faust, sondern nur im Rahmen von Führungen besuchen, die es zu vielen

Berühmt für sein Pastrami: Katz's Deli auf der Lower East Side (S. 48)

unterschiedlichen Themen gibt. Bei manchen der geführten Touren berichtet kostümiertes Personal vom mühseligen Einwandereralltag. 2017 wurde eine zusätzliche Ausstellung im Haus Nr. 103 eröffnet, wo sich auch das Visitor Center und der Shop befinden. ■ 87 und 103 Orchard/Delancey St., www.tenement.org, Fr–Mi 10–18.30, Do 10–20.30 Uhr, jede Tour $ 25

 Restaurants

€ | Russ and Daughters Seit 1914 eine Institution für Räucherfisch. Leckere Bagels mit Creamcheese und Lachs, dazu schmeckt Cucumber Soda. ■ 179 E. Houston St. (nahe Allen St.), Tel. 212-475-4880, www.russanddaughters.com, Mo–Mi, Fr–So 8–18, Do 8–19 Uhr

⑧ **€–€€ | Katz's Deli** Dieser klassische Deli aus dem Jahr 1888 serviert New Yorks bestes Pastrami-Sandwich. Das Fleisch wird hier 30 Tage mit einer speziellen Pökelmischung behandelt, gewürzt und geräuchert, be-

vor es in den Verkauf kommt. Berühmt wurde Katz's durch den Film »Harry & Sally«. Ein Schildchen markiert den Tisch, an dem Sally so überzeugend einen Orgasmus markiert, dass die Dame am Nebentisch beim Kellner »I'll have what she's having« ordert. ■ 205 East Houston St., Ecke Ludlow Street, Tel. 212-254-2246, www.katzsdelicatessen. com, So–Mi 8–22.45, Do 8–2.45 Uhr, Fr, Sa rund um die Uhr

13 East Village

Populäres Ausgehviertel mit hohem Szenefaktor

■ Subway 6 Astor Place

Mitte des 19. Jh. lebten hier so viele deutsche Einwanderer, dass die Straßenzüge um die 10th Street »Kleindeutschland« genannt wurden. In den 1960er-Jahren sorgten Beatniks und Hippies für eine lebendige Kultur- und Musikszene. In den 1970er-Jahren star-

Einst gefährlich, heute ein freundlicher Nachbarschaftstreff: Tompkins Square Park

teten Punk-Legenden wie die Ramones in den Clubs des Viertels ihre Karriere, Epizentrum war das legendäre CBGB. Nach Jahren des Niedergangs verhalfen in den 1980er-Jahren Kreative dem verrufenen Viertel zu neuem Aufschwung. Künstler wie Keith Haring, Jean-Michel Basquiat und Jeff Koons stellten im East Village ihre ersten Werke aus. Inzwischen sind Szene und Galerien weitergezogen. Trotzdem ist das East Village ein ethnisch bunt gemischtes Viertel geblieben, in dem Schäbiges und Schickes charmant koexistieren.

Tompkins Square Park
| Park |

Der große Park ist das Herz des Viertels mit Tischen für Schachspieler, Spielplätzen und Dog Run. Es gibt ein Open-Air-Drag-Festival, und in der Nacht auf den 1. November steigt hier die größte Hunde-Halloween-Party der USA. Das Howl! Festival ehrt den Beat-Poeten Allen Ginsberg, der ebenfalls im East Village lebte. Der Park, der 1850 eröffnet wurde, war im 19. Jh. Schauplatz blutig niedergeschlagener Arbeiteraufstände. Später trafen sich hier die Gegner des Vietnamkrieges. Irgendwann verkam das Areal zum Drogenumschlagplatz und diente Obdachlosen als Schlafstätte. Bis 1992 wurde es saniert und ist nun ein beliebter Nachbarschaftstreff.

▨ Zw. 7th und 10th Sts., Aves. A und B, tgl. 6–24 Uhr

Alphabet City
| Stadtviertel |

Weil die Zählung der Straßen in Manhattan von Ost nach West erfolgt und man östlich der First Avenue in den Minusbereich hätte gehen müssen,

ADAC *Mittendrin*

Im East Village gibt es eine ganze Reihe von **Community Gardens,** von den Anwohnern mit viel Kreativität gestaltete kleine Welten. Sie wurden ursprünglich von sogenannten guerilla gardeners auf städtischem Brachland angelegt – als die Grundstücke später zum Verkauf standen, retteten private Spenden (u. a. von der Schauspielerin Bette Midler) die Gärten vor einer Bebauung. Einige der kleinen Paradiese wie der 6BC Garden stehen auch Besuchern offen (www.6bcgarden.com).

wurden die Avenues in diesem Teil des East Village mit Buchstaben versehen – daher der Name des Viertels. Die Avenues A, B und C sind gepflastert mit Kneipen, Bars, Cafés und Läden. Vom East River Park hat man einen schönen Blick über den Fluss hinüber nach Brooklyn.

 Einkaufen

Strand Bookstore Eine Buchhandlung und eine Institution: Im angeblich größten Antiquariat der Welt reihen sich 18 Meilen Bücher in den Regalen. Dazu gehören Erstausgaben von Harriet Beecher Stowe's »Onkel Toms Hütte«, frühe Ausgaben von Mark Twain und Werke mit Original-Lithografien von Marc Chagall. Der Buchladen hat auch selbst Literaturgeschichte geschrieben und wird z. B. in der Kurzgeschichte »Three Girls« von Joyce Carol Oates ausführlich erwähnt.

▨ 828 Broadway, www.strandbooks.com, Mo–Sa 9.30–22.30, So 11–22.30 Uhr

Nirgendwo in New York gibt es mehr Gusseisengebäude als in SoHo

14 Little Italy und Nolita

Das kleine Geviert lockt mit Folklore, im Norden wird es nobler

■ Subway J, N, Q, R, 6 Canal St.

Little Italy war einst das Revier der italienischen Einwanderer und Geburtsort der amerikanischen Cosa Nostra, dem Ableger der sizilianischen Mafia. Allerdings sind die meisten Nachkommen der ersten Einwanderer längst weggezogen. Hauptstraße von Little Italy ist die Mulberry Street mit Restaurants und der grünweißroten Trikolore allerorten. Doch selbst hier kann es sein, dass in der Trattoria ein asiatischer Kellner den Espresso serviert: Chinatown wächst stetig und bedrängt den kleinen italienischen Nach-

barn. Der Gedenktag des heiligen San Gennaro ist jedes Jahr im September Anlass für ein elftägiges Straßenfest mit Prozessionen, Straßenständen und Livemusik.

Weniger touristisch, aber teurer ist Nolita (**No**rth of **Li**ttle I**ta**ly), die Gegend zwischen Bowery, Lafayette, Spring und Houston Streets. Hier laden Boutiquen aufstrebender Designer und nette Cafés zum Bummeln ein.

 Restaurants

€€ | Umberto's Clam House In dem legendären Seafood-Restaurant wurde 1972 der Mafioso Joseph »Joey« Gallo erschossen (damals lautete die Adresse 129 Mulberry Street). Bob Dylan hat ihm einen Song gewidmet, Scorsese und Coppola verewigten ihn in ihren Filmen. Robert Ianiello, Sohn des Gründers und heutiger Wirt, war bei dem Überfall vier Jahre alt. ■ 132 Mulberry St. (zw. Grand und Hester Sts.), Tel. 212-431-7545, www.umbertosclamhouse.com, tgl. 11–1 Uhr

15 SoHo

Eine der hipsten Gegenden der Stadt und beliebte Filmkulisse

■ Subway C, E Spring St., N, R Prince St.

Das Viertel **So**uth of **Ho**uston Street wird auch als Cast Iron District bezeichnet, denn nirgendwo stehen mehr Gusseisen-Gebäude als hier. Regisseure und Werbeprofis nutzen die Fassaden in der Spring, Mercer und Broome Street mit ihren fotogenen Feuertreppen gerne als Kulisse. Besonders schön: Die »Queen of Greene Street«, Haus Nr. 28–30 in der gleichnamigen Straße mit Säulen und Erkern. In SoHo verlief die Entwicklung ähnlich wie in Tribeca und vielen anderen Vierteln: In den 1960er-Jahren zog in die leerstehenden Lagerhäuser die Subkultur ein, gefolgt von Galerien, Boutiquen und Restaurants. Das neu entstandene Künstlerviertel lockte Immobilienhändler an und bald wurde alles unbezahlbar. Heute ist SoHo ein teures Shoppingpflaster mit exklusiven Designerboutiquen und wenigen verbliebenen Kunstinstitutionen.

 Sehenswert

Leslie-Lohman Museum of Gay and Lesbian Art

| Kunstmuseum |

Das Museum ist wohl das einzige weltweit, das Malerei, Fotografien, Grafiken und Skulpturen von Künstlern der

LGBTQ-Szene ausstellt – diese Abkürzung steht für Lesbian, Gay, Bisexual, Transgender und Questioning; Letzteres bezeichnet alle, die ihre sexuelle Ausrichtung in Frage stellen. Die Sammlung umfasst 24 000 Werke, die ältesten stammen aus dem 17. Jh. Das Museum bietet auch Mal- und Zeichenkurse, Vorträge, Filme und Autorenlesungen an.

■ 26 Wooster St., www.leslielohman.org, Mi–So 12–18, Do 12–20 Uhr, empfohlener Eintritt 9 $

 Restaurants

€ | **The Cupping Room Café** Der schmale Eingang des 100-jährigen Brownstone-Hauses öffnet sich nach innen zu einer großen, gemütlichen Nachbarschaftskneipe mit bester amerikanischer Küche und coolem Service; beliebter Brunch. Am Wochenende Livemusik und Open Mic. ■ 359 W. Broadway, Tel. 212-925-2898, www.cuppingroomcafe.com, Mo–Do, So 8–22, Fr, Sa 8–24.30 Uhr

Im Blickpunkt

Welthauptstadt des Jazz

Als Jazzstadt stand New York lange im Schatten von New Orleans und Chicago. Das änderte sich, als Louis Armstrong 1924 nach New York ging und in die Band von Fletcher Henderson eintrat, die im Roseland Ballroom am Broadway spielte. Ihm folgten legendäre Jazzmusiker wie Count Basie und Duke Ellington, und der Cotton Club in Harlem wurde zu einem der berühmtesten Nightclubs der Welt. Charlie Parker, Dizzy Gillespie, Miles Davis und Thelonious Monk hatten legendäre Auftritte im Birdland. Der Club existiert nicht mehr – ältestes heute noch bestehende Jazzlokal ist das Village Vanguard im Greenwich Village aus den 1930er-Jahren. Eine neue Heimat hat der Jazz jedoch im Time Warner Center gefunden, wo ein Konzertsaal speziell für ihn konzipiert wurde.

 Einkaufen

Prada Der Flagshipstore der Luxusmarke wurde von Rem Koolhaas gestaltet und lohnt allein schon der Architektur wegen einen Besuch. ■ 575 Broadway, Mo–Sa 11–19, So 11–18 Uhr

16 Greenwich Village mit West Village

 Einst Herz der Subkultur und eines der liebenswertesten Viertel

■ Subway 1, 2, 3 Christopher St., A, C, E W. 14th St.

Bis in die 1960er-Jahre war das Village Heimat und Hochburg von Poeten, Musikern, Kreativen und Lebenskünstlern, und bis heute herrscht in dem Areal südlich der 14th Street und westlich vom Broadway ein freier Geist, dafür sorgt auch der studentische Trubel der New York University. Am besten streift man planlos durch die baumbestandenen Straßen mit ihren Stadthäusern und prächtigen Treppenaufgängen. Verlaufen ist vorprogrammiert, denn hier ist nichts rechtwinklig und durchnummeriert: Das Village stand schon, ehe der große Plan für Manhattan entworfen wurde. Trotz der 100 000 Einwohner ist die Atmosphäre liebenswert kleinstädtisch.

 Sehenswert

Washington Square Park
| Park |
Die Krönung dieses Stadtplatzes ist der marmorne Triumphbogen von 1895, eine Kopie des Pariser Arc de Triomphe. Vom ersten Frühlingstag an herrscht hier buntes Leben mit Stra-

![Das Herz des Village schlägt am Washington Square Park]

Das Herz des Village schlägt am Washington Square Park

ßenkünstlern, spielenden Kindern, Studenten von der nahen New York University und Akrobaten, die unter dem Torbogen Kunststücke zeigen. Für viele New Yorker ist dieser Park das eigentliche Herz von Downtown. Am Washington Arch beginnt übrigens die 5th Avenue.

Sheridan Square/Christopher Street

| Gedenkstätte |

Am 28. Juni 1969 führte die Polizei eine Razzia im Stonewall Inn am Sheridan Square durch, dem Treffpunkt der damaligen Schwulen- und Transgender-Szene. Solche Razzien mit Schlägereien und Festnahmen waren damals an der Tagesordnung. Doch diesmal setzten sich die Diskriminierten zur Wehr, die Unruhen dauerten fünf Tage und gelten als Initialzündung der Gay-Liberation-Bewegung. Der Chris-topher Street Day wird heute in vielen Städten weltweit gefeiert. Im nahen Christopher Park erinnert eine Skulpturengruppe des Künstlers George Segal an die LGBTQ-Pioniere.

17 Meatpacking District

Die ehemals verrufene Schlachthaus-gegend wird gerade zum In-Place

■ Subway A, C, E 14th St.

Um 1900 gab es hier 250 Schlachtbetriebe, rund um die Uhr wurde Fleisch zerteilt, verpackt und mit dem Zug abtransportiert. Die Gegend galt als Schmuddelecke mit Drogen und Prostitution. Dann wurde aus der stillgelegten Hochbahntrasse der High Line Park, eine grüne Oase auf Stelzen, die Fabriken verwandelten sich in Bürogebäude und teure Apartments. Exklusive Hotels eröffneten, das Whitney Museum zog her. Heute sind nur noch drei Dutzend Fleischereien in Betrieb. Schäbig und schick liegen dicht beieinander und das Nachtleben boomt: Weil es im Viertel weder Kirchen noch Schulen gibt, dürfen die Clubs bis in die Morgenstunden öffnen.

 Sehenswert

High Line Park
| Park |

 Grüne Oase auf den Stelzen einer ehemaligen Hochbahntrasse
Ursprünglich war der High Line Park eine Hochbahnlinie, die von 1929 bis 1934 gebaut wurde, um das Fleisch aus den Schlachtereien des Meatpacking

ADAC *Wussten Sie schon?*

Am nördlichen Ende der High Line entsteht mit **Hudson Yards** ein neues Stadtviertel, die Subway-Station (Linie 7) gibt es schon. Hudson Yards ist das größte städtebauliche Projekt seit dem Bau des Rockefeller Center: 15 Hochhäuser, dazu 100 Geschäfte, 25 Restaurants, ein Equinox-Hotel und der Public Square and Gardens. Herzstück und Wahrzeichen ist die »Vessel«, eine 45 m hohe, begehbare Skulptur, die im Herbst 2018 eröffnet werden soll. *www.hudsonyardsnewyork.com*

District abzutransportieren – die letzten Güterzüge fuhren in den 1980er-Jahren. Danach verrotteten die Trasse und ihre Umgebung. Der Abriss war schon beschlossene Sache, als sich der

Bürgerprotest formierte. 2006 begann der 160 Mio. Dollar teure Umbau von der Hochbahn zum Park auf Stelzen. Das erste Teilstück, das sich von der Gansevoort bis zur 20th Street zieht, wurde 2009 eröffnet, 2011 folgte Sektion 2, die den Park bis zur West 30th Street verlängerte, und seit 2014 schlängelt sich die High Line wie eine grüne Ader über 2,3 km bis zur 34th Street. Die Schienen der einstigen Bahn sind an manchen Stellen geblieben, dazwischen grünt und blüht es, Plankenwege führen an der alten Strecke entlang, gesäumt von Bänken, hölzernen Sonnenliegen auf Rädern und lauschigen Plätzchen.

Urbane Wildnis: Im High Line Park wandelt man auf bepflanzten Schienen

■ Treppen-Zugänge zum High Line Park: Gansevoort St., 14th St. (Aufzug), West 16th St. (Aufzug), W. 18th St., W. 20th St., 23rd St. (Aufzug), W. 26th St., W. 28th St., W. 30th St. (Aufzug), www.thehighline.org, tgl. 7–22 Uhr

Whitney Museum of American Art
| Kunstmuseum |

(11) *Kunstgenuss und schöne Ausblicke über High Line Park und Hudson*

Im Museum für amerikanische Kunst des 20. und 21. Jh. hängen Ikonen wie Edward Hopper's »Early Sunday Morning« und Jasper John's »Three Flags«, aber auch der Blick nach draußen, von der Terrasse im 7. Stock über den Meatpacking District und den Hudson ist eine Wucht. Der Neubau von Renzo Piano wurde 2015 am Südende der High Line eröffnet.

■ 99 Gansevoort St., www.whitney.org, Mi–Mo 10.30–18, Fr, Sa bis 22 Uhr, 25 $, erm. 18 $

 Restaurants

€–€€ | Gansevoort Market Auf 750 m² bieten rund zwei Dutzend Food Stalls ihre Spezialitäten an, von Burgern und Ceviche über Pizza und Tacos bis zu belgischen Waffeln und Eiscreme. ■ 353 W. 14th St., www.gansevoortmarket nyc.com, tgl. 8–21 Uhr

Am Abend

Über 300 Livemusikbühnen und Cocktailbars gibt es in New York, und einige der Besten sind in den Neighborhoods zu Hause. Besten Rock 'n' Roll gibt es in der Lower East Side, im Greenwich Village sind legendäre Jazzkeller beheimatet. Im East Village werden die weltbesten Cocktails gemixt.

 ## Kneipen, Bars und Clubs

Arlene's Grocery Im ältesten Musikclub der Lower East Side spielen jeden Abend fünf bis sechs Bands. Ein Erlebnis: Rock 'n' Roll Karaoke Mo um 22 Uhr – die Songliste steht online. ◼ 95 Stanton St., Subway F 2nd Ave., J, M, Z, Essex/Delancey St., Tel. 212-995-1652, www.arlenesgrocery.net, 15–4 Uhr

Bitter End Wo schon Bob Dylan, Patti Smith und Arlo Guthrie auftraten, hört man noch immer gute Rock-, Blues- und Folksänger. So ab 19 Uhr bekommen unbekannte Singer-Songwriter ihre Chance. ◼ 147 Bleecker St., Subway A–F, Q W. 4th St., 6 Bleecker St., 1, 9 Christoper St., Tel. 212-673-7039, www.bitterend.com, 15–1 Uhr

Death & Company Die Cocktails sind legendär, die New York Times rühmte sie als »liquid art«. Nie entsteht drangvolle Enge, denn sobald alle Plätze besetzt sind, kommt keiner mehr rein, Reservierungen werden nicht akzeptiert. ◼ 433 E. 6th St. (zw. First Ave. und Ave. A), Subway L 3rd Ave., Tel. 212-388-0882, www.deathandcompany.com, So–Do 18–2, Fr, Sa 18–3 Uhr

PDT Ausgeschrieben heißt die Cocktailbar im East Village Please Don't Tell und das ist Programm: Man muss wissen, wie man hineinkommt. Und so funktioniert es: Im Hot-Dog-Laden findet man eine hölzerne Telefonkabine mit einer Klingel. Wer sie drückt, wird nach dem Reservierungscode gefragt, mit dem sich die Türe öffnet (reservieren kann man telefonisch ab 15 Uhr). Die versteckte Bar sieht sich in der Tradition der Speakeasys, von denen es zur Zeit der Prohibition in New York etwa 20 000 gab. ◼ 113 St. Marks Pl., Subway L 1st Ave., Tel. 212-614-0386, www.pdtnyc.com, tgl. 18–2 Uhr

Small's Chillen bei bestem Live-Jazz. Der Kellerclub ist klein und bietet wenig Platz, dafür sitzt man direkt vor der Bühne – ein Erlebnis, noch dazu relativ preiswert. ◼ 183 W. 10th St., Subway 1, 2 Christoper St., Tel. 646-476-4346, www.smallslive.com, Mo–Fr ab 19 Uhr, 3 Shows, Sa, So ab 16 Uhr, 4 Shows

The Crown Zwei Dachterrassen mit coolen Lounge-Möbeln unter freiem Himmel und Endlosblick von Chinatown bis hinüber nach Queens. Asiatisch animierte Cocktails und kleine Snacks. ◼ Hotel 50 Bowery, 21st Floor, Subway J, M, Z, Canal St., Tel. 646-630-8057, www.thecrownnyc.com, Mo–Mi 17–24, Do, Fr 17–2, Sa 12–2, So 12–24 Uhr

Village Vanguard Der Jazz-Olymp, bereits 1935 gegründet. Das einstige Speakeasy war Heimat für Generationen neuer Talente wie Harry Belafonte. ◼ 178 7th Ave., Subway 1, 2, 4 14th St., A–F, M W. 4th St., Tel. 212-255-4037, www.villagevanguard.com, Konzerte tgl. 20.30 und 22.30 Uhr, 30 $

Übernachten

Neben Tribeca ist SoHo zum Übernachten das teuerste Pflaster, speziell im Mai/ Juni und im Herbst, wenn hier die Film- und Modefestivals laufen. In Chinatown locken Schnäppchen, aber das Viertel ist laut, und im Hochsommer können einem die Duftwolken vor der Türe schon mal den Magen heben.

€

The Jane Der Backsteinbau im West Village wurde 1908 als Seemannsheim eröffnet, vier Jahre später brachte man hier die Überlebenden der »Titanic« unter. Die Zimmer sind klein und Kajüten nachempfunden, manche verfügen lediglich über ein Gemeinschaftsbad. ■ 113 Jane St., Tel. 212-924-6700, www.thejanenyc.com

€–€€

Sohotel Gute Lage zwischen Little Italy, Chinatown und SoHo. Eines der ältesten Häuser der Stadt aus dem Jahr 1822, attraktiv renoviert mit freigelegten Backsteinmauern, kein Aufzug. ■ 341 Broome St., Tel. 212-566-1900, www.thesohotel.com

€€–€€€

Hilton Garden Inn TriBeCa Das größte Plus (außer den 151 geräumigen Zimmern mit Schreibtisch, Mikrowelle und Kühlschrank) ist die Subway-Station zehn Schritte vom Eingang entfernt (Canal Street-Beach Street). Frühstück im Hotel oder im nahen Square Diner (33 Leonard St). ■ 39 6th Ave., Tel. 212-966-4091, www.sohotribecahotelnyc.com

Innside New York NoMad Ideal in Chelsea gelegen mit Blick auf das Empire State Building, 2016 eröffnet. Die Zimmer sind perfekt durchdacht mit superbequemen Betten, Nespresso-Station und Gratis-Getränken. Auch das Frühstücksbuffet ist top. Große, luftige Lobby mit Bar. ■ 132 W. 27th St., Tel. 212-951-1000, www.melia.com/de

The Frederick Hotel In dem stylisch renovierten Hotel aus dem Jahr 1838 soll schon Abraham Lincoln genächtigt haben. One World Trade Center und Brooklyn Bridge sind nur einen kurzen Fußweg entfernt. ■ 95 W. Broadway, Tel. 212-566-1900, www.frederickhotelnyc.com

€€€

Hotel Indigo Lower East Side Neu eröffnetes, stylisches Stadthotel mit Super-Aussicht, 294 Design-Zimmer mit Parkettboden, junges Publikum, Rooftop-Pool und -Bar. ■ 171 Ludlow St., Tel. 212-237-1776, www.hotelindigolowereastside.com

The Standard High Line Spektakulär auf Stelzen über die begrünte Hochbahn gebaut, ist das architektonisch beeindruckende Designhotel das neue Wahrzeichen des Meatpacking District. Die 338 Zimmer sind puristisch gestylt, bodentiefe Fenster bieten tolle Ausblicke über Lower Manhattan und den Hudson. Penthouse-Disco und Rooftop-Bar. ■ 848 Washington St., Tel. 212-645-4646, www.standardhotels.com

Midtown

Hier konzentrieren sich Architektur-Highlights, Broadway-Theater, die luxuriösesten Hotels und exklusivsten Einkaufsadressen

Wenn von Midtown die Rede ist, kommt den meisten Touristen der Times Square in den Sinn, wo sich Tag und Nacht Tausende Besucher aus aller Welt auf den Füßen stehen. Meist sagen sie dann Sätze wie: »Ist ja alles ganz beeindruckend – aber ich könnte nie in diesem Trubel leben.« Das sehen die New Yorker genauso. Rund um den Times Square gibt es keine Wohnquartiere, hier schlafen tatsächlich nur die Touristen und die Mitarbeiter der Hotels. Wenn sie nicht gerade mit Gästen von auswärts eine Broadway-Show besuchen, machen die Einheimischen um den Times Square einen großen Bogen. Doch Midtown ist viel mehr als der Rummel im Theaterviertel. Midtown ist der quirlige Stadtteil Chelsea mit Kneipen und Kunstgalerien und der historische Flatiron District mit dem Bio-Bauernmarkt auf dem Union Square. Das Empire State Building

steht ebenso in Midtown wie die New York Public Library. Auch Grünanlagen gehören dazu wie der Bryant Park, Konzertsäle wie die Carnegie Hall und natürlich die Türme des Rockefeller Centers, das eigentlich schon wieder eine Stadt für sich ist.

In diesem Kapitel:

ADAC Top Tipps:

3 **Empire State Building**
| Aussichtspunkt |
Eines der Wahrzeichen New Yorks und Schauplatz zahlloser Hollywoodfilme. Der Rundumblick vom 86. Stock sorgt für eine erste Orientierung. 65

Top of the Rock
| Aussichtspunkt |
Die Aussichtsplattform im 70. Stock ist ideal für ein Selfie mit dem Empire State Building als Hintergrund. 71

Fifth Avenue
| Flaniermeile |
Eine der berühmtesten Einkaufs-straßen der Welt, gesäumt von ex-klusiven Geschäften. 72

Times Square
| Platz |
Wo der Broadway die 7th Avenue schneidet, schlägt mit 40 Bühnen das Herz der Showkultur. 77

ADAC Empfehlungen:

Chelsea Market
| Markthalle |
Feinkosthalle in einer ehemaligen Keksfabrik mit angeschlossenem Artists & Fleas Market. 62

New York Public Library
| Bibliothek |
Der prächtige Bau mit beeindrucken-dem Foyer und filmreifem Lesesaal steht allen Besuchern offen. 67

Grand Central Terminal
| Bahnhof |
Im schönsten Innenraum New Yorks locken Restaurants, Delis und eine Austernbar. Über der Haupthalle wölbt sich ein Sternenhimmel. 75

Carnegie Hall
| Konzertsaal |
Konzertsaal mit großer Historie und legendärer Akustik. Superstars von Enrico Caruso bis Liza Minelli standen hier auf der Bühne. 78

Hudson River Park: Stück für Stück erobert New York sich seine Wasserseite zurück

18 Chelsea

Szeneviertel mit Galerien und dem größten Sportkomplex der Stadt

■ Subway A, C, E, L 8th Ave./14th St.,
1 18th St. oder 23rd St., 7 Hudson Yards

Chelsea ist das, was SoHo vor zehn und Greenwich Village vor 20 Jahren war: ein lebendiges Viertel mit unzähligen Kunstgalerien, mit einer kreativen Subkultur und einer etablierten Schwulenszene. Bars und Clubs gibt es reichlich, speziell im Quartier zwischen 22nd und 29th Street, Tenth und Eleventh Avenue. Der Sport- und Erholungskomplex Chelsea Piers auf den ehemaligen Landungsstegen am Hudson hat den einst desolaten Westen zur Attraktion hochgejazzt, hier starten auch Schiffsrundfahrten. Die Piers wurden 1902–1910 gebaut, auch die »Titanic« sollte hier anlegen. Von Pier 54 stach

1915 die »Lusitania« in See, die vor der irischen Küste von einem deutschen U-Boot versenkt wurde.

 Sehenswert

Hudson River Park
| Park |

Mit mehr als 2 km² ist der Park am Hudson nach dem Central Park die zweitgrößte Grünfläche in Manhattan. Er zieht sich von den Chelsea Piers am Hudson-Ufer entlang bis zum Battery Park an der Südspitze – mit Radwegen, Fußgänger-Promenade, Plätzen zum Sonnenbaden und Schwimmen sowie Gelegenheiten zum Kajakfahren, Segeln, Golfen und Schlittschuhlaufen. Für Kinder gibt es Abenteuerspielplätze, am Wochenende locken Musik-Events und geführte Nature Walks.
■ www.hudsonriverpark.org, tgl. 6–1 Uhr, die Fahrradwege sind rund um die Uhr geöffnet

Museum at FIT

| Modemuseum |

Für Modeinteressierte ist dieses Museum ein Muss. Seit 1975 gehört das Fashion Institute of Technology mit einer der weltweit größten Modeausstellungen zu den Topadressen der Branche. Rund 50 000 Kleider und Accessoires dokumentieren die Entwicklung der Mode bis heute, Sonderausstellungen untersuchen die Rolle der Natur oder der Philosophie in der Mode.
■ 7th Ave./W. 27 St., Subway 1, N, R 28th St., www.fitnyc.edu/museum, Di–Fr 12–20, Sa 10–17 Uhr, Eintritt frei

Madison Square Garden

| Arena |

Der MSG genannte Madison Square Garden ist die berühmteste Arena der USA. Das schmucklose Gebäude mit dem 20 000 Zuschauer fassenden Stadion aus dem Jahr 1968 ist die Heimat der New Yorker Basketball- und Eishockey-Teams Knicks und Rangers, und Austragungsort großer Wettkämpfe. Hier gastieren aber auch Stars wie Adele, Béyonce und Elton John, auch John Lennon hat einst hier gesungen. In dem Gebäudekomplex gibt es auch Läden und Restaurants.
■ 4 Pennsylvania Plaza, direkt über der Penn Station, Subway 1, 2, 3, A, C, E 4th St./ Penn Station, www.thegarden.com

✗ Restaurants

€ | **Johny's Luncheonette** Ein klassischer Diner, wie man ihn nur noch selten findet, handtuchschmal und fast immer voll, aber das Warten lohnt sich. Breakfast, Lunch und alles dazwischen, fixer Service, Top-Qualität, Kaffee wird nachgegossen, sehr amerikanisch. ■ 124 W. 25th St. (zw. 6th und 7th Aves.), Tel. 212-243-6230, www.johnysluncheonette.com, Mo–Fr 7.30–17, Sa, So 18.30–16 Uhr

€ | **Tia Pol** Eine der besten Tapas-Adressen der Stadt, offene spanische Weine, köstliche patatas bravas. Unbedingt reservieren! ■ 205 10th Ave. (zw. 22nd und 23rd Sts. nahe der High Line), Tel. 212-675-8805, www.tiapol.com, Mo 17.30–23, Di–Do 12–23, Fr 12–24, Sa ab 11 Uhr, Brunch Sa, So 11–15 Uhr

Im Blickpunkt

Ikone der Bohème: das Chelsea Hotel

Das Chelsea ist eine Hotellegende: Mehr als 60 Jahre lang bot es Künstlern und Lebenskünstlern eine Heimat. Zahllose Schriftsteller und Musiker der Rock 'n' Roll-Ära wohnten hier, manche über Jahre und ohne einen Cent zu zahlen. Mark Twain, Thomas Wolfe, Arthur Miller und Jack Kerouac schrieben hier, Bob Dylan, Jimi Hendrix und Janis Joplin komponierten Songs. Schlagzeilen machte das Hotel 1978, als Sex-Pistols-Bassist Sid Vicious in Zimmer Nr. 100 seine Freundin Nancy Spungen erstach. Chelsea-Manager Stanley Bard hatte die Hotelleitung 1957 übernommen, Gäste ohne Geld ließ er mit Manuskripten und Kunstwerken bezahlen, die Lobby wurde nach und nach zur Galerie. 2011 schloss das Hotel, 2016 fand es einen neuen Besitzer und wird seitdem renoviert. Bard starb im Februar 2017. Das neue Chelsea soll im Oktober 2018 den Betrieb aufnehmen (222 W. 23rd St.).

€–€€ | Tipsy Parson Das Lokal wirbt mit dem Slogan »Belly-Filling Goodness«. Es serviert Soulfood-Küche wie Shrimps & Grits, Deviled Eggs, Hush Puppies, Fried Chicken und Black Eyed Peas, dazu ein Dutzend hauseigene Cocktails an der langen Bartheke.■ 156 9th Avenue (zw. 19th und 20th Sts.), Tel. 212-620-4545, www.tipsyparson.com, Lunch Mi–Fr 11.30–16.30, Dinner Mo–Do 17–22.45, Fr, Sa 17–23.45, So 17–22 Uhr, Brunch Sa, So 10–16.30 Uhr

🛍 Einkaufen

 Chelsea Market Die größte und schönste unter den Markthallen in Manhattan: In der ehemaligen Keksfabrik Nabisco (National Biscuit Company) unweit der High Line bieten 40 Händler Delikatessen an, von Donuts bis Sushi und von französischen Crêpes bis zur Berliner Currywurst. Im angeschlossenen Artists & Fleas Market mit Klamotten, Schmuck und Kunsthandwerk kann man leicht ein paar Stunden vertrödeln.■ 75 9th Ave. (zw. 15th und 16th Streets) , www.chelsea market.com, Mo–Sa 7–21, So 8–20 Uhr

Macy's ist das größte Kaufhaus der USA mit jährlich rund 20 Mio. Besuchern. Bei der 400-Mio.-Dollar-Renovierung 2015 wurden auch der historische Eingang an der 34th Street und die hölzernen Aufzüge aus dem Eröffnungsjahr 1902 restauriert. Auf zehn Stockwerken findet man neben Kleidung, Schuhen und Haushaltswaren auf jeder Etage einen Fast-Food-Stand oder ein Café. Berühmt: Macy's Feuerwerk am 4th of July und Macy's Thanksgiving Day Parade. ■ Herald Square, W. 34th St./Broadway, www.macys.com, Mo–Sa 10–22, So 11–21 Uhr

Chelsea Market: In der einstigen Oreo-Keks-Fabrik wird heute geschmaust

ADAC *Mittendrin*

Die Monate Juni, Juli und August sind die Zeit des Freilichtkinos. Besonders beliebt sind die Kino-Events des **Rooftop Cinema Club** auf den Dächern von Manhattan und Brooklyn: mit bequemen Liegestühlen, Cocktails, Popcorn, besten Kopfhörern und den größten Filmhits von gestern und heute. Man trifft sich wahlweise auf dem Dach des Yotel (570 10th Ave.) oder des East Williamsburg Office-Ops (57 Thames St.). Programm und Termine unter www.rooftop cinemaclub.com/new-york.

 Kinder

Bei Pier 62 am Hudson River wartet ein attraktives **Freigelände** mit Minigolfplatz, Skatepark und einem Karussell mit 36 handgeschnitzten Figuren. ■ Zugang an der West 23rd St., Karussell Sa, So 11–18 Uhr, 2 $ pro Fahrt, Skatepark tgl. 8 Uhr bis Sonnenuntergang, gratis

 Sport

Chelsea Piers Von 1902 bis 1910 wurden am westlichen Ufer des Hudson mehrere große Piers für die neuen Passagierschiffe gebaut, auf ihnen ist heute das größte Sportzentrum New Yorks zu Hause. Auf den Piers 59, 60 und 61 zwischen 17th und 23rd Street entstand ab 1995 für 100 Mio. Dollar Anlagen für 25 Sportarten, mit Eislaufbahn, olympischem Schwimmbad, Kletterhalle, Driving Range für Golfer, Health Club, Bowling Center (mit 40 Bahnen) und Spa mit Wellnessangeboten. Rund ums Jahr gibt es

Kurse und Events für Kinder und Erwachsene. Gegenüber den Chelsea Piers erinnert das IAC Headquarters Building von Frank Gehry an ein Schiff mit geblähten Segeln. ■ Hudson River Park, 17th bis 23rd St., Eingänge 22nd, 20th und 18th St., Tel. 212-336-6666, www.chelseapiers.com, Golf Club (Pier 59), Sports Center (Pier 60), Sky Rink (Pier 61), Field House (Pier 62) und Bowling Center (Pier 59 und 60) sind ganzjährig geöffnet, Preise und Zeiten auf der Website, Preisbeispiel: Eislaufen 2 Std. 11 $

19 Flatiron District/ Gramercy

Viertel mit historischem Charme, vielen Grünanlagen und kulinarischen Hits

■ Subway L, N, O, R, W, 4, 5, 6 14th St./ Union Square, R, W 23rd St. (Flatiron und Madison Square Park)

Um 1850 entstanden in dieser Gegend die ersten Warenhäuser, in denen es – das war ganz neu – alles unter einem Dach zu kaufen gab. Broadway und Park Avenue South galten deshalb als »Ladies' Mile«. Die Gegend rund um den Union Square war auch der erste Show District der Stadt, heute sind hier etliche der Off-Broadway-Theater zu Hause. Die Restaurantszene rund um den Madison Square Park gehört zu den heißen Tipps.

 Sehenswert

Union Square Park
| **Platz** |
Vom Civil War bis zu Occupy Wall Street ist dieser Platz seit jeher Ort politischer Demonstrationen. Auch der größte Bauernmarkt der Stadt ist

Im Blickpunkt

Andy Warhol – Meister der Pop Art

Bevor Michael Jackson zum King of Pop wurde, war Andy Warhol King of Pop Art. Andy, jüngster Sohn einer armen slowakischen Einwandererfamilie namens Varhola, war viel mehr als nur ein Künstler, Designer und Filmemacher, er wurde zur Pop-Ikone – exzentrisch, egoman und immens reich. Bekannt wurde er durch Siebdrucke von Comicfiguren und Hollywoodstars wie Marilyn Monroe. Warhol war seiner Zeit stets voraus und erkannte die Möglichkeiten neuer ästhetischer Ausdrucksweisen. Unter dem Namen »Factory« gründete er mehrere Ateliers, das letzte im Haus Nr. 33 Union Square W. – hier schoss ihn die Radikalfeministin Valerie Solanas 1968 nieder. Das Attentat schlug fehl, machte Warhol aber endgültig zum Superstar.

hier zu Hause, der von Farmern aus der Umgebung ganzjährig mit frischer Bio-Ware (organic food) beliefert wird. Ein Standbild von 1856 zeigt George Washington und gilt als erste amerikanische Reiterskulptur in Bronze. Die übrigen Herren auf den Sockeln sind General Lafayette, Abraham Lincoln und Mahatma Gandhi.

■ Broadway/E.17th St., Bauernmarkt ganzjährig Mo, Mi, Fr, Sa 8–18 Uhr

Flatiron Building
| Architektur |

Wo sich Broadway, Fifth Avenue und 23rd Street treffen, steht eine Hochhaus-Ikone: Als der markante 20-geschossige Beaux-Arts-Bau 1902 eröffnet wurde, war er das höchste Haus der USA und das Zeichen einer neuen Zeit. Der Architekt David H. Burnham aus Chicago bewies damit, dass sich mit der Stahlskelettbauweise ganz neue Höhen erobern ließen. Den Namen verdankt das Gebäude seiner Form, die an ein aufgestelltes Bügeleisen erinnert. Die Büros in der Spitze sind nur 185 cm breit.

Madison Square Park
| Park |

In dem Park beim Flatiron Building verbringen Angestellte der umliegenden Büros ihre Mittagspause, im Sommer finden hier Events und Konzerte statt. Wo heute das New York Life Insurance Building mit seiner vergoldeten Spitze aufragt, befand sich der erste Madison Square Garden. Benannt ist der Platz nach James Madison (1751–1836), dem vierten Präsidenten der Vereinigten Staaten.

■ Zw. 5th und Madison Aves., 23rd und 26th Sts., www.madparknews.com, tgl. 6–24 Uhr

Theodore Roosevelt Birthplace

| Museum |

Im rekonstruierten Geburtshaus kann man das Spielzeug des kleinen »Teddy« Roosevelt sehen, dazu Reliquien seiner Kampagne und andere Erinnerungsstücke des 26. US-Präsidenten, der 1858 in New York geboren wurde. Zeitgenössisches Mobiliar gibt einen Eindruck von der Lebensweise der damaligen New Yorker Oberschicht.
■ 28 E. 20th St., www.nps.gov/thrb, Mi–So 9–17 Uhr, Eintritt frei

 Restaurants

€ | **Grimaldi's at Limelight Marketplace** Grimaldi's geht auf die erste, im Jahr 1905 eröffnete Pizzeria in New York zurück. Das Lokal mit seiner kohlebefeuerten Steinofenpizza nimmt in sämtlichen Top-Ten-Listen verlässlich einen Spitzenplatz ein. ■ 656 6th Ave., Tel. 646-484-5665, www.grimaldis-pizza.com, So–Do 11–22.45, Fr, Sa 11–24 Uhr

€ | **Shake Shack** Inzwischen findet man eine Filiale auch am Dubai Airport, aber dieses ist das Original und liegt mitten im Madison Square Park. Bei schönem Wetter gibt es kaum einen besseren Ort, um einen Burger zu essen, auch die Shakes sind berühmt. ■ Madison Square Park, Tel. 212-889-6600, www.shakeshack.com, tgl. 11–23 Uhr

€–€€ | **Eataly** Mehr Italien geht nicht – Fresstempel mit Ständen voller Köstlichkeiten zum Kaufen und Gleichessen, laut und gut besucht. ■ 200 Fifth Avenue (zw. 23rd und 24th Streets), www.eataly.com, tgl. 9–23 Uhr

€€ | **Sagaponack Bar & Grill** Beste Meeresfrüchte-Küche im Herzen des Flatiron District. ■ 4 W. 22nd St., Tel. 212-229-2226, www.sagaponacknyc.com, Mo–Fr 11.30–22, Sa 11–22 Uhr

Den denkwürdigsten Auftritt erlebte das Empire State Building in »King Kong«

20 Empire State Building

 Weltbekanntes Wahrzeichen und Schauplatz vieler Hollywoodfilme

■ Subway 34th St. Herald Square
■ 350 5th Ave., www.esbnyc.com, tgl. 8–2 Uhr, letzte Auffahrt 1.15 Uhr
■ Offene Aussichtsterrasse im 86. Stock 37 $, erm. 35/31 $
■ 86. und 102. Stock 57 $, erm. 55/51 $
■ Express Pass (kein Warten in der Schlange) 85 $, Sunrise-Ticket 100 $
■ Mit dem Ticket bekommt man eine App, die aktuelle Wartezeiten anzeigt.
■ Kontrollen am Eingang, kein großes Gepäck erlaubt, keine Schließfächer

Kostbare Sammlung in prächtigem Beaux-Arts-Ambiente: die Morgan Library

Für den Start in New York und für einen ersten Überblick gibt es keine bessere Adresse. Mit einmal Umsteigen erreicht man wahlweise das 102. Stockwerk mit verglaster Aussichtsterrasse oder – noch schöner, weil offen – die Freiterrasse im 86. Stock. Der Blick ist eine Wucht und hilfreich zur Orientierung. Beide Plattformen sind bis 2 Uhr nachts geöffnet – lang genug, um sich noch am Ankunftsabend mit der Geografie Manhattans vertraut zu machen.

Beim Blick nach Süden erkennt man sofort, was die Stadt so einzigartig macht – wie ein Schiff pflügt die spitz zulaufende Insel Manhattan durchs Wasser, kann nicht nach außen wachsen und strebt deshalb in die Höhe. Im äußersten Süden ragt die Hochhauswelle des Finanzdistrikts in den Himmel, mit dem neuen One World Trade Center als höchstem Turm. Dahinter liegt der Hafen mit der Freiheitsstatue zur rechten Seite und der Brooklyn Bridge zur Linken. Zwischen den Hochhäusern des Finanzviertels und dem Empire State dehnt sich »The Valley«, der hochhausarme Flickenteppich der Neighborhoods.

Spektakulär ist auch der Blick nach Norden. Hier stehen die Hochhäuser so eng gepackt wie Stecknadeln in einem Nadelkissen. Hinter den Türmen des Rockefeller Center lässt sich der Central Park erahnen. Zur Linken wachsen auf gleicher Höhe mit dem Empire State Building die Türme des neuen Stadtteils Hudson Yards in den Himmel, zur Rechten sticht die elegante Turmspitze des Chrysler Building mit dem geschwungenen Strahlenkranz aus dem Häusermeer.

1931 in nur neun Monaten erbaut, war das 381 m hohe Empire State Building bis 1973 der höchste Turm der Welt, und die Liste der Superlative beeindruckt noch immer: 60 000 t Stahl und 10 Mio. Ziegelsteine sind hier verbaut, 73 Aufzüge bringen täglich 16 000 Angestellte und 7000 Besucher in 102 Etagen, alle 14 Tage müssen 6500 Fenster geputzt werden. Die obersten Stockwerke und die filigrane Spitze werden je nach Jahreszeit und Anlass farbig illuminiert, tannengrün in den Weihnachtswochen und an Feiertagen wie dem 4th of July in den amerikanischen Nationalfarben.

21 Morgan Library and Museum

Prachtvolle Bibliothek mit modernem Anbau von Renzo Piano

■ Subway 6 33rd St., 4, 5, 6, 7 Grand Central Station
■ 225 Madison Ave./36th St., www.themorgan.org, Di–Do 10.30–17, Fr 10.30–21, Sa 10–18, So 11–18 Uhr, 20 $, erm. 13 $

Für die Privatsammlung des Bankiers John Pierpont Morgan (1837–1913) baute man Anfang des 20. Jh. einen Palazzo im Stil der italienischen Renaissance, der die wertvollsten der von Morgan gesammelten Manuskripte, Buchdrucke, Grafiken und Zeichnungen zeigt, darunter Notenhandschriften von Bach, Schubert und Brahms, Stiche und Radierungen von Rembrandt und Dürer. Seit der Eröffnung 1924 wurde das Museum mehrfach erweitert, 2006 fügte Stararchitekt Renzo Piano die Einzelbauten unter Verwendung von viel Stahl und Glas zu einem harmonischen Ensemble zusammen, das einen viergeschossigen Innenhof als Piazza umschließt.

22 New York Public Library

 Noch beeindruckender als das Foyer ist der historische Lesesaal

■ Subway 1, 2, 3 42nd St./Broadway, B, D, F 42nd St./6th Ave., S, 4, 5, 6 Grand Central/42nd St., 7 Fifth Ave.
■ 5th Ave./42nd St., www.nypl.org, Di, Mi 10–19.45, Do–Sa 10–17.45, So 13–17 Uhr

In vielen Filmen dient das mächtige Beaux-Arts-Gebäude an der Ecke 42nd Street und Fifth Avenue als Kulisse, in »The Day After Tomorrow« sogar als zentraler Schauplatz. Den Portikus krönen die allegorischen Figuren (von links) Geschichte, Theater, Religion, Literatur und Poesie. Die Freitreppe mit den liegenden Löwen aus Tennessee-

Die große Freitreppe der New York Public Library ist ein beliebter Treffpunkt

Marmor ist ein beliebter Treffpunkt. Die Bücherei ist eine reine Präsenzbibliothek, ausleihen kann man hier nichts, nur stöbern, lesen und forschen. Die NYPL wurde 1895 gegründet und besitzt 11,3 Mio. Bände, darunter Schätze wie eine Gutenberg-Bibel und einen Globus von 1519, auf dem erstmals Amerika eingetragen ist. Die Räume sind reich mit Schnitzereien, Stuck und Wandgemälden geschmückt. Unbedingt einen Blick wert: Rose Main Reading Room, der große historische Lesesaal. Im prächtigen Foyer, der Astor Hall, starten kostenlose Führungen, dort bekommt man am Infoschalter auch einen Audio-Guide.

23 Bryant Park

Grüne Oase inmitten des Trubels von Midtown Manhattan

■ Subway B, D, F, Q 42nd Ave., 7 Fifth Ave.
■ Zw. 6th Aves., 40th und 42nd Sts., www.bryantpark.org, tgl. 7–24 Uhr

Zu den schönsten Plätzen in Midtown gehört der Bryant Park, früher ein Drogenumschlagplatz, heute ein Treffpunkt fürs Picknick, für Freiluftkonzerte und Kino im Sommer. Der Park schließt sich an die Rückseite der New York Public Library an und lockt mit Hunderten frei beweglicher Stühle

Im Bryant Park entspannen Büroangestellte im Schatten von Wolkenkratzern

ADAC *Spartipp*

und Tische die Angestellten der umliegenden Büros zur Mittagspause ins Freie. Im November wird das Winter Village aufgebaut und bis zum März kann man hier täglich von 7–22 Uhr gratis Schlittschuhlaufen.

24 UN Headquarters

Gebäudekomplex der Vereinten Nationen am Ufer des East River

■ Subway 42nd St./Grand Central
■ 1st Ave., zw. 42nd und 48th Sts., Besuchereingang 801 1st Ave./45th St., Zutritt nur mit Pass, Tel. 212-963-8687, http://visit.un.org, Visitor Centre Mo–Fr 9–16.45, Sa, So 10–16.45 Uhr, Führungen Mo–Fr 9–16.30 Uhr, 22 $, erm. 15/13 $, die Tickets sind limitiert, daher besser vorab online buchen.

Das Ensemble der United Nations umfasst sieben Blocks und steht auf internationalem Territorium, was New York quasi zur Welthauptstadt macht. Größtes und höchstes Gebäude ist das Secretariat Building, ein schmaler Turm in Curtain-Wall-Bauweise, der die Anlage beherrscht. Es folgen das Conference Building, das General Assembly Building und die Dag Hammarskjöld Library. Die Vereinten Nationen sind eine globale internationale Organisation mit 193 Mitgliedsstaaten, die sich hohe Ziele gesteckt hat: Sicherung des Weltfriedens, Einhaltung des Völkerrechts, Schutz der Menschenrechte und Förderung der internationalen Zusammenarbeit. Verschiedene Unterorganisationen leisten soziale und humanitäre Hilfe. Das Welternährungsprogramm der UN stellt jährlich mehr als die Hälfte der weltweit geleisteten Nahrungsmittelhilfe bereit.

Rund ums Rockefeller Center

Riesiger Hochhauskomplex mit toller Aussichtsplattform

Der freie Blick auf das Empire State Building ist der große Trumpf des Top of the Rock

 Information

■ Subway B, D, F, M 47th-50th Sts./Rockefeller Center, E, M 5th Ave./53rd St.

Neben dem Times Square ist das Rockefeller Center das zweite Epizentrum in Midtown. Der Komplex aus 19 Gebäuden wurde 1931 bis 1940 gebaut und gilt als beste Büroadresse New Yorks. Hier sind auch die NBC-Studios beheimatet, die »Today Show« und »Saturday Night Live« werden hier produziert. Alle Welt trifft sich an der goldenen Statue des Prometheus, der über der Sunken Plaza schwebt, sie ist von Oktober bis April eine Schlittschuhbahn, im Sommer ein Straßencafé. Zwischen 47th und 52nd Street und zwischen 5th und 7th Avenue sind mehr als 100 Shops und Restaurants angesiedelt.

Ende November ist das Rockefeller Center Schauplatz des Christmas Tree Lighting, wenn mit einer landesweit übertragenen Show der größte Weihnachtsbaum der USA aus 50 000 vielfarbigen LED-Lichtern erstrahlt. Der Swarovski-Stern an der Spitze hat 3 m Durchmesser und besteht aus 25 000 Kristallen. Das Event gilt landesweit als Start der Weihnachtssaison.

Plan
S. 73

des General Electric Building ist mannshoch verglast, das Observation Deck auf dem 70. Stock völlig offen.

■ Eingang an der 50th Street zw. 5th und 6th Aves., www.topoftherocknyc. com, tgl. 8–24 Uhr, letzte Auffahrt 23.15 Uhr, 34 $, erm. 32/28 $, VIP-Ticket 65 $, Sun & Star Ticket für zwei Besuche am Tag zusätzlich 15 $, mit Ausnahme des VIP-Tickets muss jeder Besuch mit Datum und Uhrzeit vorgebucht werden

b Radio City Music Hall
| Konzertsaal |

New York hat viele berühmte Bühnen, aber diese im Art-déco-Stil ist eine der elegantesten. Sie liegt an der Nordwestecke des Rockefeller Center und wurde 1932 als damals weltgrößte Bühne mit 6000 Sitzplätzen eröffnet. Legendär ist die 90-minütige Weihnachtsrevue »Christmas Spectacular«,

ADAC *Mittendrin*

Amerikanische **Late Night Shows** wie »Saturday Night Life« (SNL) haben auch hierzulande viele Fans, sie werden fast sämtlich in New York produziert. Um dabei zu sein, muss man sich frühzeitig anmelden, doch meist bekommt man noch am selben Tag Stand-by-Tickets, z. B. um 9 Uhr morgens am NBC Experience Store 49th Street für »Late Night with Seth Meyers« und um 7 Uhr morgens am Westeingang zum Rockefeller Center für »Saturday Night Life«. Details auf den Websites.

● Sehenswert

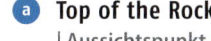

a Top of the Rock
| Aussichtspunkt |

Zwei offene Aussichtsterrassen mit grandiosem Blick

Nirgendwo sonst schweift der Blick so frei über Midtown und die neuen, streichholzschlanken Hochhäuser, über den Central Park, der wie ein großer grüner Teppich daliegt und hinab bis zum fernen Financial District. Ideal für Selfies mit dem Empire State Building als Hintergrund ist der Vormittag, wenn die Sonne noch im Osten steht. Die offene Plattform auf dem 69. Stock

die seit 1925 jeden Winter Furore macht. Höhepunkt der mega-aufwendigen Show mit vielen Tieren und über 100 Darstellern sind die 80 langbeinigen Rockettes, eine Tanzgruppe, die mal als Nussknacker-Armee aufmarschiert und mal im Glitzerdress synchron die Beine wirft.

■ 1260 6th Ave., Tel. 212-247-4777, www.msg.com/radio-city-music-hall, Stage-Door-Tour tgl. 9.30–17 Uhr nach Voranmeldung, 28 $, erm. 24 $

c St. Patrick's Cathedral
| Kirche |

Die größte katholische Kathedrale der USA mit Platz für 2500 Besucher wurde 1878 fertig, die zahlreichen Turmspitzen hat man bis 1888 ergänzt. Rekorde wohin man schaut: Die Bronzetüre des Haupteingangs wiegt 9000 kg, in den Türmen hängen 19 Glocken, das Rosettenfenster über dem Haupteingang misst 8 m im Durchmesser, die Orgel hat mehr als 7000 Pfeifen. Nach der 175 Mio. Dollar teuren Renovierung im Jahr 2015 leuchten die zahllosen Kunstwerke im Innern in neuem Glanz. Besonders sehenswert ist die Marienkapelle mit der Pieta von William O. Partridge aus dem Jahr 1906. Unweit davon findet sich eine übergroße Kopie der Pieta von Michelangelo, sie stammt vom Bildhauer Edward Clark Potter, der auch die Löwen vor der Public Library geschaffen hat.

■ 5th Avenue/50th Street, www.saintpatrickscathedral.org, tgl. 6.30–20.45 Uhr

d Austrian Cultural Forum
| Moderne Architektur |

Der 2002 eröffnete, 84 m hohe Bau des österreichischen Architekten Raimund Abraham schloss eine nur 7,5 m breite Baulücke und gilt als eines der spannendsten Projekte der jüngsten New Yorker Baugeschichte. Die aus Glas, Beton und Aluminium bestehende Fassade ist durch Vor- und Rücksprünge gegliedert, Architekturkritiker fühlten sich an einen Totempfahl mit vorgeblendeten Masken erinnert. Im Auditorium finden regelmäßig Lesungen und Konzerte statt. Das Austrian Cultural Forum New York wurde 1942 von österreichischen Emigrantinnen als Austrian Institute zur Aufrechterhaltung österreichischer Kultur in New York gegründet.

■ 11 E. 52nd St. (zw. 5th und Madison Aves.), www.acfny.org, tgl. 10–18 Uhr

e Museum of Modern Art (MoMA)
| Kunstmuseum |

Zur Sammlung des 1929 gegründeten und bis 2004 für 860 Mio. Dollar umgebauten MoMA gehören Meilensteine moderner Kunst wie Van Goghs »Sternennacht« und Picassos »Demoiselles d'Avignon«, weltberühmt ist auch die Designabteilung. Im Skulpturengarten sind Werke u. a. von Rodin und Henry Moore zu bewundern. Auch im Haus: das »Modern«, ein Top-Restaurant mit Bar sowie zwei Museums-Cafés.

■ 11 W. 53 St. (zw. 5th und 6th Aves.), www.moma.org, tgl. 10.30–17.30, Fr 10.30–20 Uhr, 25 $, erm. 18/15 $, Fr 16 bis 20 Uhr gratis

f Fifth Avenue
| Flaniermeile |

Die vermutlich berühmteste Shoppingmeile der Welt

Die Fifth Avenue steht für teure Luxusmarken – nicht ganz zu Recht, denn sie ist über 10 km lang und längst nicht überall so nobel. Sie beginnt am Washington Square in Greenwich Village auf Höhe der 6th Street und endet bei der 143rd Street in Harlem. Berühmt ist der Abschnitt zwischen 49th und 60th Streets, wo sich ein Luxusgeschäft ans nächste reiht, die Mieten sind hier so hoch wie nirgendwo sonst. Alle Top-Labels sind vertreten von Armani, Cartier und Gucci über Prada und Rolex bis zu Tiffany & Co. und Louis Vuitton. Bei Henri Bendel und Harry Winston decken sich die Stars mit Schmuck ein. Die bekanntesten Kaufhäuser sind Saks Fifth Avenue und Bergdorf Goodman. Am Schnittpunkt von 5th Avenue und 59th Street öffnet sich die Grand Army Plaza mit dem vergoldeten Reiterstandbild von William Tecumseh Sherman (1820–1891),

Rechtsanwalt, Schriftsteller und einer der bekanntesten Generale des Sezessionskrieges, der auf der Seite der Nordstaaten kämpfte. Die Grand Army Plaza war auch Namensgeber für das monumentale Plaza Hotel aus dem Jahr 1903, das mit seiner schlossähnlichen Renaissancefassade und der exponierten Lage an der südöstlichen Ecke des Central Parks thront und in der gleichen Luxusliga spielt wie das Waldorf Astoria. Von hier aus verläuft die Fifth Avenue rechts am Central Park entlang und wird wegen der vielen Museen zwischen 82nd und 105th Street auch Museum Mile genannt.

■ Subway E, V Fifth Ave., http://visit5th avenue.com

g Trump Tower
| Moderne Architektur |

Mit dem 68 Stockwerke hohen Gebäude setzte sich Donald Trump, damals noch umstrittener Baulöwe, 1983 an prominenter Stelle neben Tiffany's ein Denkmal. Mittlerweile ist Trump US-Präsident, und wenn er in seinem Domizil in den drei obersten Etagen weilt, wird das Gebäude mitsamt der umliegenden Straßen gesperrt. Ist er nicht im Haus, werden Besucher eingelassen, durchlaufen aber zuvor ein Screening wie am Flughafen. In der fünf Stockwerke hohen, mit viel Gold und rosafarbenem Marmor geschmückten Lobby plätschert Wasser die Wand herab. Im Untergeschoss bietet ein Gift Shop Trump-Memorabilia, nebenan kann man im »Trump Grill« Steaks und Burger essen.

■ 725 5th Ave., www.trumptowerny.com, tgl. 8–18 Uhr

Amerikanische Hotellegende mit deutschen Wurzeln: das Waldorf Astoria

h Seagram Building
| Moderne Architektur |

Der einzige Mies-van-der-Rohe-Bau in New York aus dem Jahr 1958 gilt als idealtypischer Wolkenkratzer der Nachkriegsmoderne und hatte großen Einfluss auf die amerikanische Architektur und die Moderne insgesamt. Der schlichte, bronzefarbene Kubus ist von der Park Avenue zurückgesetzt und lässt dadurch eine Plaza frei, die sich zum beliebten Treffpunkt entwickelte. Für die Stadtverwaltung war das der Anstoß, 1961 Anreize für ähnliche privatly owned public spaces zu schaffen.

■ 375 Park Ave., Subway Lexington Ave./53rd Street

i Waldorf Astoria
| Hotellegende |

Marilyn Monroe, Elizabeth Taylor, Frank Sinatra und die Beatles übernachteten hier, dazu Dutzende Staatschefs und gekrönte Häupter. Im Waldorf Astoria wurde nicht nur der Waldorf-Salat erfunden, sondern auch der Zimmerservice, es war das erste Hotel mit Elektrizität und mit Telefon auf dem Zimmer. Der ursprüngliche Bau stand an der Fifth Avenue und musste 1929 dem Empire State Building weichen. 1931 eröffnete das heutige Hotel an der Park Avenue – damals mit 1400 Zimmern das größte, höchste und teuerste der Welt. 2014 verkaufte die Hilton-Kette ihr Vorzeigeobjekt für knapp 2 Mrd. Dollar an einen chinesischen Versicherer. Der kündigte eine umfassende Renovierung an und ließ die Hotelikone im Frühjahr 2017 schließen. Viele Zimmer sollen in Luxuswohnungen umgewandelt werden, im Erdgeschoss ziehen teure Shops ein. Immerhin: Art-déco-Fassade und Lobby müssen bleiben, sie sind denkmalgeschützt.

Grand Central Terminal
| Architektur |

Sterne schmücken die Decke über der 40 m hohen Haupthalle

New Yorks schönster Bahnhof wurde zwischen 1903 und 1913 errichtet. Von der Marmor-Balustrade der großen Halle kann man den hastenden Pendlern zusehen, 700 000 sind hier täglich unterwegs. Das Bravourstück des amerikanischen Jugendstils sollte in den 1960er-Jahren einem Hochhaus Platz machen, doch Jacqueline Kennedy Onassis kämpfte zehn Jahre gemeinsam mit einer Bürgerinitiative gegen den Abriss durch alle Instanzen bis zum Supreme Court. 1998 wurde der Bau für 175 Mio. Dollar renoviert und gilt heute als einer der schönsten Innenräume der USA. Für dramatische Momente sorgen die 23 m hohen Bogenfenster, durch die an schönen Tagen die Sonnenstrahlen in einer gewaltigen Lichtinszenierung in den Innenraum brechen. Die Gewölbedecke ist als Sternenhimmel gestaltet: 2500 Lichtpunkte bilden die Tierkreiszeichen. Die Uhr aus Opal, die in alle vier Himmelsrichtungen die Zeit anzeigt, gilt als beliebter Treffpunkt. In der Halle und im Untergeschoss befinden sich 60 Shops sowie 35 Restaurants und Feinkostläden.

■ 89 E. 42nd St., www.grandcentralterminal.com, Dining Concourse Mo–Fr 7–21, Sa 10–19, So 11–18 Uhr

Chrysler Building
| Architektur |

Vielleicht das schönste, mit Sicherheit das eleganteste Hochhaus New Yorks mit einem siebenstöckigen Art-déco-Strahlenkranz an der Spitze. Auftraggeber war der Automobilpionier Walter Percy Chrysler, und so wurde die

Gefällt Ihnen das?

Sie lieben **Art-déco**? Neben dem **Chrysler Building** (s. u.) gibt es in New York noch mehr Bauten dieses Stils wie z. B. **1 Wall Street** (S. 32), das **Waldorf Astoria** (S. 74) und das **Eldorado-Apartmenthaus** (S. 87) am Central Park. Das Musterbeispiel eines Art-déco-Interieurs ist die **Radio City Music Hall** (S. 71). Komplette Liste unter www.artdeco.org.

Dachkonstruktion aus dem gleichen rostfreien Stahl gebaut wie die Kühler seiner Fahrzeuge. Stilisierte Motorhauben und Radkappen schmücken die Fassade, an den Gebäudeecken ragen Wasserspeier in Gestalt von Kühlerfiguren hervor. Bei seiner Eröffnung 1930 war das Chrysler Building mit 319 m kurzfristig das höchste Gebäude der Welt, wurde aber ein Jahr später vom Empire State Building überholt. Sehenswert ist die Lobby mit Deckenmalereien, die das Transportwesen zum Thema haben, und Intarsien an den Türen der Aufzüge.

Diamond District
| Flaniermeile |

90 % aller in den USA verkauften Diamanten gehen im Diamond District über den Tresen. Als die Nazis in den Niederlanden und Belgien einmarschierten, flohen viele Juden in die USA, darunter auch jene, die in Amsterdam und Antwerpen im Diamantenhandel tätig waren. Sie ließen sich im heutigen Diamond District nieder und blieben dort auch nach dem Ende des Zweiten Weltkriegs. Geschätzte 2600 Händler bieten in teils winzigen Ver-

kaufsräumen ihre Ware an. Weil die meisten orthodoxe Juden sind, bleiben die Läden während des Sabbats von Freitagmittag bis Sonntagmorgen geschlossen.

■ W. 47th St. (zw. 5th und 6th Aves.), www.diamonddistrict.org

 Restaurants

€–€€€ | Michael Jordan's Steak House Eine der besten Adressen der Stadt für Steaks, Inhaber ist der Basketballstar Michael Jordan. Edel sitzt man im Wine Salon, legerer an den Tischen im Freien mit Blick auf die große Halle des Grand Central Terminal. ■ Grand Central Terminal, 23 Vanderbilt Ave., Tel. 212-655-2300, www.michaeljordansnyc.com, Lunch Mo–Fr 11.30–14.30, Dinner Mo–Sa 17–22, So 17–21, Brunch Sa, So 11.30–15.30 Uhr, Plan S. 73 c4

€–€€€ | Oyster Bar Die Oyster Bar im Untergeschoss des Grand Central Terminal ist seit über 100 Jahren die erste Adresse für Seafood-Fans. Hier gibt es Austern aus verschiedenen Ostküstenregionen, dazu ein kaltes Buffet mit verschiedenen Seafood-Salaten, den Fang des Tages und frischen Hummer.

■ Grand Central Terminal, 89 E. 42nd St., Tel. 212-490-6650, www.oysterbarny.com, Mo–Sa 11.30–21.30 Uhr, Plan S. 73 c4

 Kinder

FDNY Fire Zone Ein Mix aus Feuerwehrstation, Info-Workshop und Show. Kinder können auf einen Einsatzwagen klettern und Feuerwehr-Klamotten anprobieren. Im Fire Simulator erlebt man hinter einer feuerfesten Wand, wie in harmlosen Situationen ein Brand entstehen kann, und lernt, wie man sich aus einem rauchgeschwängerten Raum rettet. ■ 34 W. 51st St., Rockefeller Center, neben Radio City Music Hall, www.fdnysmart.org, Mo–Sa 9–17, So 11–17 Uhr, Eintritt frei, Fire-Safety Simulation 6 $, erm. 2 $, Plan S. 73 c2

Leuchtend bunt, laut, schrill und ein Must See: der Times Square

26 Theater District

An der Kreuzung 7th Avenue/Broadway liegt das Mekka der Showkultur

■ Subway 1, 2, 3, 7, N, Q, R, S Times Square/42nd St.

Jedes Jahr stürmen 13 Mio. Einheimische und Touristen die Broadway-Shows im Theater District. Jede Saison bringt neue Mega-Musicals, Stars und Kassenmagneten. Die Kartenpreise liegen zwischen 60 und 480 Dollar, fast immer gibt es Discount-Tickets für den gleichen Tag. In dieser Gegend findet man keine Wohnstraßen, sondern ausschließlich Theater, Shops, Restaurants, Hotels sowie jede Menge Straßenkünstler, Selbstdarsteller und Remmidemmi.

 Sehenswert

Times Square / Broadway
| Platz |

 Laut, grell, bunt und dennoch sehenswert, besonders nachts

In den 1970er- und 1980er-Jahren war der Times Square ein gefährliches Pflaster, heute hingegen herrscht hier Kirmes-Stimmung wie in Disneyland. Die »New York Times« hatte hier einst ihr Redaktionsgebäude, daher der Name. Eigentlich ist der Times Square kein Platz, sondern die langgezogene Kreuzung von Broadway und 7th Avenue, an der unzählige Leuchtreklamen um die Wette blinken. Inzwischen wurde der Broadway zwischen 42nd und 47th Streets für den Verkehr gesperrt, so dass man am Times Square abgasfrei im Freien sitzen kann. Im Norden Richtung 47th Street lockt eine breite rote Treppe mit 28 Stufen für

Im Blickpunkt

The Lullaby of Broadway

Wenn heute vom Broadway die Rede ist, ist meist das Geviert zwischen 41st und 52nd Streets, 6th und 8th Avenues gemeint. Hier konzentrieren sich 40 Theater- und Musicalbühnen. Orson Welles trat hier auf, Charlie Chaplin und Fred Astaire, Katherine Hepburn und James Dean, Marlon Brando und Lauren Bacall. 1870 hatte New York 14 Theater, und die meisten zeigten das, was zunächst noch Musical Comedy hieß – eine Mischung aus Vaudeville, Burlesque und Revue. Die Geschichte des Musicals als uramerikanische Erfindung wurde mit »Annie get your gun« (1946), »Kiss me, Kate« (1948), «The King and I« (1951) und »My Fair Lady« (1956) festgeschrieben. Hits wie »Cats«, »Lion King«, »Les Misérables« und »Chicago« folgten. Ein Abend im »Phantom der Oper« gehört für heutige Besucher genauso zum Programm wie das Empire State Building und die Freiheitsstatue. *www.spotlightonbroadway.com, www.broadwaycollection.com*

einen besseren Überblick und als Fotokulisse. Auf der Rückseite kann man an den TKTS-Verkaufsstellen Restplätze aller Musical-Bühnen für denselben Tag stark ermäßigt kaufen. Wer den Anblick des Lichtermeers von oben genießen möchte, muss nur im Marriott Marquis Hotel den Aufzug besteigen und zur View Lounge (S. 81) im obersten Stock hinauffahren. New Yorks einziges Drehrestaurant bietet atemberaubende Rundumblicke.

■ An der Kreuzung Broadway und 7th Ave. zw. 42nd und 44th Sts., www.timessquarenyc.org

 Restaurants

€–€€ | Carmine's Italienisches Familienrestaurant am Times Square mit gewaltigen Portionen.■ 200 W. 44th St., Tel. 212-221-3800, www.carminesnyc.com, Mo–Sa 11.30–24, So 11–23 Uhr

€€–€€€ | Sardi's Teuer, touristisch, aber dennoch unbedingt sehenswert: Ein Show-Biz-Restaurant seit 1921 mit Karikaturen an den Wänden und Broadway-Stars im Publikum. ■ 234 W. 44th St., Tel. 212-221-8440, www.sardis.com, Di–Sa 11.30–22.30, So 12–19 Uhr

€€€ | Chez Josephine Jean Claude, eines der 13 Adoptivkinder von Josephine Baker, hat ihr zum Gedenken ein französisches Bistro im plüschigen Boudoir-Dekor der 1930er-Jahre eingerichtet. Exzellente Küche, Dinner mit Livemusik.■ 414 W. 42nd St., Tel. 212-594-1925, www.chezjosephine.com, tgl. Lunch 12–15, Dinner 16–23 Uhr

27 Carnegie Hall

 Konzertsaal mit großer Historie und legendärer Akustik

■ Subway N, Q, R 57th St.
■ 154 W. 57 St./7th Ave., Tel. 212-903-9765, www.carnegiehall.org, Rose Museum tgl. 11–16.30 Uhr, Eintritt frei, Führungen Okt.–Juni 2- bis 4-mal tgl., Termine s. Website, 17 $, erm. 12 $

Wer in der Carnegie Hall auftritt, hat es an die Weltspitze geschafft. Der berühmteste Konzertsaal auf dem Globus hat in seiner 127-jährigen Geschichte etliche Rekorde gesammelt, eine Aufnahme von Enrico Caruso von 1904 zählt zu den ältesten erhaltenen Tondokumenten. Der im Stil der italienischen Renaissance gehaltene Ziegelsteinbau wurde 1891 eröffnet und verdankt seine Existenz dem Großindustriellen Andrew Carnegie. Bei der Premiere erlebte das Publikum Tschaikowsky als Dirigenten. Arthur Rubinstein und Yehudi Menuhin verdienten sich hier erste Lorbeeren, Leonard Bernstein gab sein Debüt. Auch Musical- und Popstars feierten Triumphe, Liza Minelli sang 17 Tage am Stück vor ausverkauftem Haus, die Beatles gastierten ebenso wie die Jazz-Größen Louis Armstrong und Duke Ellington. Die Carnegie Hall ist zwar ein Konzertsaal, aber von Beginn an fanden auch gesellschaftliche Themen eine Bühne. Mark Twain, Winston Churchill und Albert Einstein hielten hier Vorträge. Kämpferinnen für das Frauenwahlrecht traten in der Carnegie Hall auf und schwarze Bürgerrechtler wie Martin Luther King und Jesse Jackson. Das Rose Museum im 2. Stock erzählt mit 400 Exponaten ihre Geschichte.

28 Columbus Circle

Prominenter Verkehrskreisel an der
Südwestecke des Central Park

◼ Subway A, C, B, D, 1 59 St./Columbus
Circle

Der runde Platz führt Broadway, 8th
Avenue und 59th Street zusammen
und verbindet die Upper West Side
mit Midtown Manhattan. Auf der einen Seite bildet der Central Park eine
grüne Kulisse, auf der anderen ragen
die Hochhäuser des Time Warner Center in den Himmel. In der Nordostecke
steht ein weiterer Trump Tower aus
dem Jahr 1997 mit Luxusapartments
und einem 5-Sterne-Hotel. Zu den
Shops at Columbus Circle gehört der
Bio-Supermarkt Whole Foods, eine
gute (wenn auch teure) Adresse, um
sich für ein Picknick im Central Park zu
rüsten. Im Zentrum des Platzes steht
der namensgebende Kolumbus als
Marmorstatue aus dem Jahr 1892.

Scharnier zwischen Midtown und Upper
West Side: Columbus Circle

 Sehenswert

Museum of Arts and Design (MAD)

| Kunstgewerbemuseum |

Das auffällige Gebäude des Kunstge-
werbemuseums wird wegen der Be-
tonstützen im Erdgeschoss auch Lolli-
pop Building genannt. Der Fassade
vorgehängte Glas- und Keramikele-
mente nehmen Bezug auf zwei
Sammlungsschwerpunkte. Vom Restaurant im obersten Stock genießt
man schöne Ausblicke.

◼ 2 Columbus Circle, www.madmuseum.
org, Di–So 10–18, Do 10–21 Uhr, 16 $,
erm. 14/12 $, jeden Do 18–21 Uhr pay-
what-you-wish

Time Warner Center

| Aussichtspunkt |

Die beiden 230 m hohen Türme aus
dem Jahr 2000 dominieren den Columbus Circle von der 58th bis zur 60th
Street, neben Luxuswohnungen be-
herbergen sie das 5-Sterne-Hotel Man-
darin Oriental, den Bio-Supermarkt
Whole Foods und eine Shoppingmall.
Auch der TV-Sender CNN hat hier seine Büros. In der Rose Hall ist bester Jazz
zu hören, sie ist Teil des Projekts »Jazz
at Lincoln Center«. Wer mit der Roll-
treppe hinabfährt, gelangt in die teure
Mall, wer hinauffährt, kann gratis die
Aussicht über Columbus Circle und
Central Park genießen.

◼ 10 Columbus Circle, www.theshopsat
columbuscircle.com, Geschäfte Mo–Sa
10–22, So 10–20 Uhr

Restaurants

€€€ | Asiate Solide amerikanische Küche im 35. Stock des Mandarin Oriental mit einem Blick über Central Park und Upper East Side, der sonst Bewohnern der umliegenden Luxusapartments vorbehalten ist. ■ 80 Columbus Circle/60th St., Tel. 212-805-8881, www.mandarinoriental.de, tgl. 7–14, 18–22 Uhr

Hearst Tower
| Moderne Architektur |
An der Ecke W. 57th Street und 8th Avenue zieht etwas zurückversetzt ein avantgardistisches Hochhaus die Blicke auf sich: Stararchitekt Norman Foster entkernte den ursprünglichen fünfstöckigen Art-déco-Bau und ließ aus seiner Mitte einen Diamanten aus Stahl und Glas wachsen. Die rautenförmig strukturierte Fassade verleiht dem 182 m hohen Bau eine kristalline Eleganz. Aufsehen erregte der 500 Mio.

ADAC *Mobil*

Zwei Piers südlich vom Intrepid Museum, am Pier 83, starten Schiffe der **Circle Line** zu Ausflugsfahrten rund um Manhattan (www.circleline.com, ab 32 $, erm. 30 $). Die Edelvariante stellen Touren mit den Teakholzjachten **»Manhattan I und II«** ab Pier 62 dar, bei denen Mitglieder des American Institute of Architects die Stadt aus ihrer Perspektive erlebbar machen, mit Details zu den aktuellen Hochhausbauten, zur Herausforderung durch den steigenden Meeresspiegel und zum neuen Viertel Hudson Yards (www.centerforarchitecture.org, ab 48 $, erm. 32 $).

Dollar teure Turm, der 2009 eröffnet wurde, auch wegen seiner ökologischen Bauweise. Das Haus ist nur für Mitarbeiter zugänglich.

Hell's Kitchen
| Stadtviertel |
Lange war Hell's Kitchen eine Domäne irischer Einwanderer, viele berühmte Gangster stammten von hier. Inzwischen zieht das früher übel beleumundete Viertel zwischen Hudson River und 8th Avenue, 34th und 57th Streets immer mehr Besserverdienende an. Manhattanites schätzen die netten kleinen Restaurants und den Gotham West Market.

29 Intrepid Sea, Air & Space Museum

Beliebtes Marine-, Luft- und Raumfahrtmuseum am Hudson-Ufer

Die namensgebende »USS Intrepid« ist ein 280 m langer Flugzeugträger, der am Pier 86 vor Anker liegt. Er fuhr im Zweiten Weltkrieg im Pazifik und im Vietnamkrieg Einsätze, außerdem war die »Intrepid« das wichtigste Bergungsschiff bei den Mercury- und Gemini-Programmen der NASA. Seit 1982 liegt sie als Museumsschiff im Hafen. Zum Museum gehören außerdem ein U-Boot, der Zerstörer »Edison« und mehr als zwei Dutzend Flugzeuge. Der Space Shuttle Pavillon stellt das Raumfahrtprogramm der NASA vor. In Dauerschleife läuft ein 30-Minuten-Video über die Kamikaze-Attacke der Japaner auf den Flugzeugträger. ■ Pier 86, W. 46th St./12th Ave., Subway 42nd St., www.intrepidmuseum.org, Mo–Fr 10–17, Sa, So 10–18 Uhr, 33 $, erm. 31/24 $

Am Abend

New York ist mit hupenden Taxis und jaulenden Polizeisirenen ohnehin kein Ohrenschmeichler, doch Midtown belegt in der Lärmskala eindeutig den ersten Platz. Die gute Seite: Hier ist rund um die Uhr Programm, von Theater, Shows und Musicals auf über 40 Bühnen bis zu Opernarien im intimen Salon-Restaurant. In den Rooftop-Bars spielt der Blick auf die Skyline die Hauptrolle.

 Kneipen, Bars und Clubs

Aldo Sohm Wine Bar Manche der 200 Sorten Wein kosten 990 Dollar pro Flasche, die 40 offenen Weine gibt es ab 11 Dollar pro Glas – die Bedienung serviert beides mit dem gleichen Charme. Auf der riesigen Couch unter der himmelhohen Decke kommt man mit Wall Street ins Gespräch. ■ 151 W. 51st St., Subway B, D, E 7th Ave., Tel. 212-554-1143, www.aldo sohmwinebar.com, Mo–Sa 11.45–14.30, 16.30–23.30 Uhr, Fr, Sa bis 24 Uhr

Bar SixtyFive at Rainbow Room Die Bar im 65. Stock des Rockefeller Center bietet eine große Auswahl an Cocktails zur spektakulären Aussicht, unbedingt reservieren. ■ 30 Rockefeller Plaza, Subway B, D, F, M 47th-50th Sts.-Rockefeller Center, Tel. 212-632-5000, www.rainbowroom.com/bar-sixty-five, Mo–Fr 17–24 Uhr, So 16–21 Uhr

Monarch Rooftop Lounge Eine der größten Rooftop-Bars in Manhattan mit Indoor- und Outdoorbereich sowie vergleichsweise zivilen Preisen. Zum Drink gibt's köstliche Häppchen. ■ Im Hotel Marriott Courtyard Herald Square, 71 W. 35th St./6th Ave., Subway B, D, F, M, N, Q, R, W. 34th St.-Herald Square, www.addisongroupnyc.com, Tel. 212-630-9993, Mo 15–1, Di–Do 15–2, Sa 16–4, So 16–1 Uhr

Salon de Ning at the Peninsula Bar und Lounge im 23. Stock des Peninsula New York Hotel mit Blick in die Fifth Avenue, klein, fein und eher teuer. Das stilvolle Interieur ist vom Shanghai der 1930er-Jahre inspiriert. ■ 700 5th Ave./55th St., Subway E, M 5th Ave./53rd St., www.newyork.peninsula.com, Tel. 212-903-3097, tgl. 17–2 Uhr

Swing 46 Ein Supper Club wie zu Frank Sinatras Zeiten mit einer launigen Band, die Swing und Jazz spielt, sehr guten Sängern und 30-minütigem Gratis-Tanzkurs für alle, die noch üben. Dinner ist obligatorisch, Cover Charge 15 $, gratis, wenn man an der Bar sitzt. ■ 349 W. 46th St., Subway A, C, E. 50th St., Tel. 212-262-9554, www.swing46.com, tgl. 17–1 Uhr

The Heights Der Name ist Programm: Von der Rooftop-Bar im 32. Stock des Arlo NoMad Hotel geht der Blick in alle Richtungen, das Empire State Building scheint zum Greifen nah. An manchen Stellen ragt der Boden über das Dach hinaus und besteht aus Glas, durch das man lotrecht nach unten schauen kann. ■ 11 E. 31st St., Subway 4, 6 33rd St., www.theheightsarlonomad.com, Tel. 212-961-1141, Mo–Do 14–1, Sa 12–1, So 12–24 Uhr

The View Ein Drink nach der Broadway-Show mit spektakulärem Rundumblick über das Hochhausmeer von

Midtown? Im 48. Stock des Marriott Marquis am Times Square lockt die View Lounge mit Cocktails und Häppchen vom Buffet. Die Plätze werden nach dem Prinzip first-come-first-seated vergeben, eine Reservierung ist nicht nötig. Die gläserne Bar dreht sich einmal pro Stunde um 360 Grad. Wer nicht im Hotel wohnt, zahlt nach 20 Uhr 8 $ Eintritt. ■ Im New York Marriott Marquis Hotel, 1535 Broadway, Subway N, Q, R, W 49th St., Tel. 212-704-8900, www.theviewnyc.com, So–Do 17–24, Fr 17–1.30, Sa 16–1.30 Uhr

230 Fifth Große begrünte und mit Palmen bestückte Rooftop-Bar mit spektakulärer Aussicht. Am Wochenende legt ein DJ auf. Im Winter werden beheizte Igluzelte aufgestellt. ■ 230 5th Ave./27th St., Subway N, Q, R, W 28th St., www.230-fifth.com, Tel. 212-725-4300, tgl. 14–2 Uhr, Happy Hour Mo–Fr 16–19 Uhr

 Bühne

Broadway/Times Square In den Blocks um den Times Square bieten 40 Bühnen Programm, zumeist Musicals. Die Theater spielen täglich außer Montag, mit Matineen am Mittwoch, Samstag und Sonntag. Programminfos und Tickets online unter www.telecharge.com, direkt am Box Office des jeweiligen Theaters (tgl. ab 10 Uhr bis zum Beginn der Vorstellung) oder am TKTS-Schalter am Times Square, wo Karten für den jeweiligen Abend ab 15 Uhr stark ermäßigt verkauft werden (vgl. auch S. 77).

New York City Center Im Veranstaltungssaal der Stadt New York, einem Bau im maurischen Stil aus dem Jahr 1923, wird Tanztheater aufgeführt, von Stepptanz über Ballett bis Tango und Flamenco. Ein Schwerpunkt liegt auf Modern Dance. ■ 131 W. 55th St. (zw. 6th und 7th Aves.), Subway F 57th St., Tel. 212-581-1212, www.nycitycenter.org

The New Victory Theater Das älteste Theater New Yorks widmet sich Familien mit Kindern ab 5 Jahren mit Tanz, Zauberei und Zirkus mit Hintersinn. Viele der lustigen, lehrreichen Programme funktionieren auch ohne Worte. Altersangaben zu jeder Aufführung online. ■ 209 W. 42nd St. (zw. 7th und 8th Aves.), Subway A, C, E 42nd St.-Port Authority Bus Terminal, Tel. 646-223-3010, www.newvictory.org

 Erlebnisse

Café Taci Opera Night Beim Italo-Amerikaner Leopoldo Mucci treffen sich Samstagabend alle, die Oper und Belcanto lieben. Im Obergeschoss der Papillon-Bar stehen Weltklassesänger wie René Pape und Ausnahmetalente der Juilliard School of Music auf der kleinen Bühne. Heimlicher Star des Abends ist die Russin Iya Fedotova, die kürzlich ihren 90. Geburtstag beging und am Konservatorium im Ural lernte. Sie begleitet seit Beginn der Opera Nights 1994 alles, was da kommen und singen mag. Mindestverzehr 35 $, kein Minimum an der Bar. ■ Papillon, 22 E. 54th Street (zw. 5th und Madison Aves.), Subway E, M 5th Ave./53th St., Tel. 212-754-9006, www.taciopera.com, Sa 20–1 Uhr

LIVE from the NYPL Im Reading Room der Public Library (S. 67) lesen und diskutieren zeitgenössische Autoren wie Salman Rushdie, Wissenschaftler wie Muhammad Yunus, YouTube-Stars wie Casey Neistat und andere kluge Köpfe. ■ Tickets unter www.nypl.org/events/live-nypl

Übernachten

Auch im lauten, hektischen und ständig überfüllten Midtown gibt es ein paar Oasen der Stille, in die man sich gerne zurückzieht – die schönste davon versteckt sich ausgerechnet am Times Square.

€

Seafarers & International House Die Lage ist top, aber abseits vom Rummel, der Zimmerpreis sensationell günstig. Das Haus wird von der Evangelical Lutheran Church betrieben und steht überkonfessionell allen Gästen offen. Alle 85 Zimmer mit Klimaanlage, TV und Gratis-WLAN. ■ 123 E. 15th St., nahe Union Square, Tel. 212-677-4800, www.sihnyc.org

€–€€

Hampton Inn Manhattan 35th Street Zentrale, aber ruhige Lage, das Empire State Building ist fünf Gehminuten entfernt. Alle Zimmer verfügen über Föhn, Bügeleisen und Kaffeemaschine sowie bequeme große Betten. Amerikanisches Frühstück mit wenig Platz und viel Plastik inklusive. ■ 59 W. 35th St., Tel. 212-564-3688, www.hamptoninn3.hilton.com

€€

Room Mate Grace Boutique Hotel Dieses Haus hat einen Indoorpool mit Bar anstelle der Lobby, zudem 139 Designerzimmer, manche mit doppelstöckigen Betten, Frühstück inklusive. ■ 125 W. 45th St., Tel. 212-354-2323, www.room-matehotels.com

€–€€€

The Bernic Hotel Die 96 topmodernen Zimmer haben bodentiefe Fenster und einen privaten Balkon. Von der Rooftop-Lounge Blick aufs Chrysler Building. ■ 145 E. 47th St., Tel. 844-885-2376, www.thebernichotel.com

ADAC *Das besondere Hotel*

Casablanca Hotel Nur zehn Schritte weiter tobt der Times Square mit Licht und Lärm, doch in diesem familiengeführten Boutiquehotel herrscht himmlische Ruhe. In »Rick's Café« wartet ein köstliches Frühstück mit frischem Obst, tagsüber kann man sich am kleinen Buffet mit Kaffee, Tee, Getränken und Obst bedienen. Die 48 Zimmer leuchten in marokkanischen Farben, inspiriert vom namengebenden Kultfilm. *€€ | 147 W. 43rd St., Tel. 212-869-1212, www.casablancahotel.com*

Uptown und Upper Manhattan

Den Central Park säumen im Westen Musentempel und prächtige alte Apartmenthäuser, im Osten von New Yorks Geldadel gestiftete Museen

Upper West Side und Upper East Side trennen Welten. Nirgendwo sieht man mehr Kinderwagen als auf der als langweilig geschmähten Upper West Side – die bevorzugte Wohngegend für Familien, die die Nähe von Central Park, Kindermuseum und dem Museum of Natural History schätzen. Wer hier durch die Straßen bummelt, fühlt sich wie in einem stillen, etwas verschlafenen Vorort.

Auf der Upper East Side dagegen residiert das ganz große Geld, die Spitze der High Society. Die Gegend zwischen 61st und 80th Streets wird auch »Gold Coast« und »Millionaire's Mile« genannt – mit der Madison Avenue als teuerster Einkaufsmeile.

Für Kulturfans haben beide Seiten viel zu bieten: Im Westen lockt das Lincoln Center mit der Metropolitan Opera,

dem berühmten Opernhaus, und einer Vielzahl weiterer Bühnen. Östlich des Parks warten gleich sieben Museen mit hochkarätigen Sammlungen zu unterschiedlichen Themen.

Manhattan-Stadtpläne enden meist am nördlichen Central Park, doch Upper Manhattan zieht sich viel weiter nach Norden, westlich vom Frederick Douglass Boulevard am Hudson entlang bis zum Mittelaltermuseum The Met Cloisters. Auf dem Weg dorthin passiert man den idyllischen Riverside Park und die ungewöhnliche Kathedrale St. John the Divine.

In diesem Kapitel:

ADAC Top Tipps:

7 ▶ **American Museum of Natural History**
| **Naturkundemuseum** |
Ein Naturkundemuseum der Superlative. Mit Kindern ein Muss, aber auch ohne ein Vergnügen. Im angeschlossenen Hayden Planetarium unterhalten von Hollywoodstars kommentierte Space Shows 87

häuser der Welt locken Musik- und
Klassikfans. 86

 The Met Cloisters
| Kunstmuseum |
An der äußersten Nordspitze Manhattans versteckt sich im Fort Tryon Park
ein von John D. Rockefeller gestiftetes
Klostermuseum. 89

 Central Park
| Park |
New Yorks grüne Lunge ist Out-
door-Revier für Freizeitsportler und
Bühne für Selbstdarsteller. 89

 Conservatory Garden
| Gartenanlage |
Drei Landschaftsgärten sorgen für
magische Momente abseits vom
Großstadttrubel. 92

 The Met Fifth Avenue
| Kunstmuseum |
Das größte Kunstmuseum der westlichen Welt zeigt Meisterwerke aus
sämtlichen Kulturkreisen. 97

 Roosevelt Island Tram
| Seilbahn |
Mitten in Manhattan schwebt man in
roten Seilbahngondeln durch Hoch-
hausschluchten. 94

ADAC Empfehlungen:

 Lincoln Center/Met
| Kulturzentrum |
Konzertbühnen, Jazz, Musical, Ballett
und eines der berühmtesten Opern-

 Frick Collection
| Kunstmuseum |
Kunst im ehemaligen Stadtpalast
eines Stahlmagnaten – als würde
man einen steinreichen Freund und
Mäzen zu Hause besuchen. 96

30 Upper West Side

Bei Familien beliebte Wohngegend mit kulturellen Hotspots

■ Subway 1, 2, 3 66th St. (Lincoln Center), B, C 72nd St. (Dakota), B, C 81st St. (Historical Society, Museum of Natural History), 1, 2, 3 72nd St. (Riverside Park), 1 Cathedral Parkway 110th St. (Cathedral of St. John the Divine) und A 190th St. (The Cloisters)

Die Upper West Side hat einen dramatischen Wandel erlebt. Vor einem Jahrhundert noch eine üble Gegend mit Slum-Charakter, später eine Hochburg der Künstler und Intellektuellen, ist es heute eine ruhige, familiäre Wohngegend. Kulturelle Hotspots sind das American Museum of Natural History und das mehrere Blocks große Lincoln Center mit der Metropolitan Opera. Als dieser monumentale Kulturkomplex in den späten 1950er-Jahren gebaut wurde, befand sich hier eine der ärmsten Gegenden der Stadt. Straßenkämpfe zwischen Schwarzen, Weißen und Puertoricanern, von de-

ADAC *Spartipp*

Auch Opernfans haben Chancen auf ein Schnäppchen: **Rush Tickets** heißen die preiswerten Karten der Metropolitan Opera, die für jede Aufführung (außer Galas) vergeben werden, der Verkauf läuft nur online ab 12 Uhr mittags für den jeweiligen Abend, das Ticket kann man ausdrucken oder an der Abendkasse abholen. Plätze, die sonst zwischen 80 und 345 $ kosten, gibt es einheitlich für 25 $.

nen viele hier lebten, gehörten zum Alltag. Leonard Bernsteins »West Side Story«, der Kampf zwischen Jets und Sharks, wurde in diesen Slums gedreht, ehe man die letzten Mietskasernen abriss. Heute strömen die Fans der Klassik an die 66th Street, um Oper, Konzert und Ballett zu genießen.

◉ **Sehenswert**

Lincoln Center for the Performing Arts/Metropolitan Opera
| **Kulturzentrum** |

 Unbestritten der Hotspot des New Yorker Kulturlebens

Das Lincoln Center besteht aus etlichen Bühnen und Konzertsälen, elf Kultur- und Musikorganisationen haben hier ihre Heimat, darunter die renommierte Juilliard School. Der Brunnen im Zentrum ist Kulisse in zahlreichen Filmen und wird nachts von 270 LEDs beleuchtet.

Die Metropolitan Opera (Met) ist mit 3975 Plätzen das größte Opernhaus der Welt und gilt (neben Mailand und Wien) als eine der drei besten Opernbühnen. Die Inszenierungen sind klassisch bis konservativ, die Texte können wahlweise auch in deutscher Sprache mitgelesen werden. In der Sommerpause sind beim Free Summer HD Festival auf der Lincoln Plaza berühmte Inszenierungen gratis auf der Großleinwand zu sehen. Während der Saison lernt man bei Backstage-Führungen den aufwendigen Betrieb kennen.

■ 10 Lincoln Center Plaza, Subway 1, 2, 3 66th St., Tel. 212-362-6000, www.lincolncenter.org, www.metopera.org, Met-Backstage-Führungen während der Spielzeit Mo–Sa 15, So 10.30 und 13.30 Uhr, Reservierung unter Tel. 212-769-7028, 30 $, erm. 20 $

Im Blickpunkt

Das Dakota Building

Den Central Park West säumen schlossähnliche Apartmenthäuser wie das Majestic (W. 71st St.), das San Remo (W. 74th St.) und das Eldorado (W. 90th St.). Wohl das berühmteste ist das Dakota Building (W. 72nd St.), ein zehnstöckiger Bau aus dem Jahr 1884 im Stil der französischen Renaissance. Bauherr von New Yorks erster Luxusherberge war der Singer-Nähmaschinen-Erbe Edward Clark. Sein Projekt weit im Norden außerhalb der damaligen Stadtgrenzen wurde von Zeitgenossen als »Clark-Spleen« verlacht. »Warum nicht gleich in Dakota?«, fragte ein lokales Blatt – und damit war der Name geboren. Die Upper West Side setzte sich dennoch als noble Wohnadresse durch. In den 65 Wohnungen lebte und lebt viel Prominenz, von Lauren Bacall, Judy Garland und Leonard Bernstein bis zu Sting und Kim Basinger. Beatle John Lennon, der im Haus ein 28-Zimmer-Apartment bewohnte, wurde 1980 vor der Tür von einem irren Fan erschossen. Roman Polanski drehte hier 1968 den Film »Rosemary's Baby«, der zur Aura des Gebäudes beitrug.

American Folk Art Museum

| Kunstmuseum |

Dieses Haus zeigt 7000 Werke von künstlerischen Laien aus zwei Jahrhunderten, darunter Gemälde, Skulpturen, Textilien und Möbel u.a. der Shaker. Ein Schwerpunkt der Sammlung liegt auf Quilts.

▪ 2 Lincoln Square, Columbus Ave./66th St., www.folkartmuseum.org, Di–Do, Sa 11.30–19, Fr 12–19, So 12 bis 18 Uhr, Eintritt frei

New York Historical Society

| Geschichtsmuseum |

Manhattans ältestes Museum aus dem Jahr 1804 wurde erst vor Kurzem für 70 Mio. Dollar renoviert und zeigt auf vier Stockwerken Dokumente, Bücher, Kunstwerke und Alltagsgegenstände zur Geschichte New Yorks und der Vereinigten Staaten. Das Museum beherbergt auch eine Forschungsbibliothek, das Center for Women's History und eine Dauerausstellung für Kinder.

Im 1. Stock serviert das Caffé Storico italienische Küche.

▪ 170 Central Park West, www.nyhistory. org, Di–Do, Sa 10–18, Fr 10–20, So 11 bis 17 Uhr, 21 $, erm. 16/13/6 $, Fr 18– 20 Uhr pay-what-you-wish

American Museum of Natural History

 Eines der größten Naturkundemuseen der Welt

Das populärste Museum New Yorks: Vom größten frei stehenden Saurier-Skelett über einen 34-Tonnen-Meteoriten bis zum Saphir von 5637 Karat fehlt keine naturwissenschaftliche Sensation. Highlights: Die Dinosaurier im 4. Stock, die Akeley Hall of African Mammals auf der Galerie und die Milstein Hall of Ocean Life im 1. Stock mit einem 28 m langen Blauwal.

Eine intergalaktische Reise bietet das Hayden Planetarium im angeschlossenen Rose Center for Earth and Space. Da bebt der Sitz und das Hirn macht

Loopings, wenn man bei der Space Show »Dark Universe« durch den Weltraum gebeamt wird und erlebt, wie Schwarze Löcher und kosmische Crashs entstehen. Astrophysiker und Nasa-Spezialisten haben die Daten geliefert. Nach dem digitalen Höhenflug lässt sich auf dem »Cosmic Pathway« die Entstehung unseres Sonnensystems und seiner Planeten analog studieren.

■ Central Park West/79th St., www.amnh.org, tgl. 10–17.45 Uhr, 23 $, erm. 18/13 $, inklusive Space Show 28 $, erm. 22,50/16,50 $, alle Tickets auch online (ohne Anstehen und Wartezeit), beim Eingang unbedingt einen Floor Plan mitnehmen, tgl. jeweils ab 10.15 bis 15.15 Uhr jede Stunde geführte Touren

Riverside Park
| Park |

Zwischen 1873 und 1888 wurde der Park eröffnet, der sich heute über vier Meilen am Hudson entlangzieht, Rad- und Wanderwege und viele Sportmöglichkeiten bietet, von Skateparks über Tennisplätze bis zu einer Marina. Liegewiesen und Picknickplätze laden zum Relaxen ein, immer mit Blick auf den Fluss. Gestaltet wurde der Park von Frederick Law Olmsted und Calvert Vaux, die auch den Central Park entworfen haben.

■ 58th-156th Sts. (zw. Riverside Drive und Hudson), www.nycgovparks.org/parks/riverside-park

Cathedral of St. John the Divine
| Kirche |

Der ungewöhnlichste Kirchenbau der Stadt wurde 1892 begonnen, ist bis heute nicht beendet und soll die größte gotische Kirche der Welt werden. Süd-, Nord- und Vierungsturm sind noch in Arbeit. Die episkopale Kirche ist für ihre Sondergottesdienste bekannt, so gibt es Messen für die LGTBQ-Gemeinde und auch für alle, die ihre Fahrräder segnen lassen wollen. Am ersten Sonntag im Oktober bringen die New Yorker traditionell ihre

Publikumsmagnet im American Museum of Natural History: die Saurierhalle

Haustiere wie Hunde, Katzen, Hamster und Vögel mit, manche kommen auch mit einem Pferd, mit Schafen oder einer Entenfamilie in die Messe.

■ 1047 Amsterdam Ave./110-112th Sts., www.stjohndivine.org, tgl. 7.30–18 Uhr, Visitor Center Mo–Sa 9–17, So 13–15 Uhr, self-guided tours 10 $, erm. 8 $

The Met Cloisters
| Kunstmuseum |

 Mittelalterliche Kunst in einzigartiger historischer Kulisse

An der nördlichsten Spitze von Manhattan ließ John D. Rockefeller Teile europäischer Kapellen und Kirchen sowie die Kreuzgänge von fünf südfranzösischen Klöstern zu einem malerischen Ensemble zusammenfügen. Es bietet den idealen Rahmen für die Mittelaltersammlung des Metropolitan Museum of Art, darunter märchenhaft schöne Bildteppiche mit Einhornmotiven und prachtvolle Buntglasfenster. Der Innenhof mit Kreuzgang ist eine Oase des Friedens, im Sommer finden hier ab und an Konzerte statt. Idyllisch ist auch der Blick über den Hudson und auf die George Washington Bridge.

■ Fort Tryon Park, Eingang 99 Margaret Corbin Dr., www.metmuseum.org/cloisters, März–Okt. tgl. 10–17.15, Nov.–Feb. 10–16.45 Uhr, 25 $, erm. 17/12 $, Outdoor-Café April–Okt. tgl. 11–16.15 Uhr

 Restaurants

€–€€ | Zabar's Kein Winter ohne Zabar's köstliche Suppen, kein Sommer ohne Zabar's Fingerfood für die Konzerte im Central Park. Der Deli unweit vom American Museum of Natural History ist eine Institution und ein Gourmetparadies. ■ 2245 Broadway/80th Street,

ADAC *Mittendrin*

Wer Manhattan und seine Bewohner erleben will, fährt nicht mit der Subway zu The Met Cloisters, sondern mit der **Buslinie M4** ab Penn Station oder Madison Avenue. Die Fahrt dauert eine Stunde und führt durch das weiße, hispanische und schwarze New York. Endstation ist Fort Tryon Park mit dem Eingang zum Klostermuseum.

Tel. 212-787-2000, www.zabars.com, Mo–Fr 8–19.30, Sa 8–20, So 9–18 Uhr, Café Mo–Fr 7–19, Sa 7.30–19, So 8–18 Uhr

 Kinder

Children's Museum of Manhattan Auf fünf Stockwerken können Kinder von eins bis sieben Jahren klettern, turnen, Abenteuer erleben und kreativ sein. Beste Besuchszeit: werktags am Nachmittag (vormittags sind oft Schulgruppen im Museum). ■ 212 W. 83rd St., www.cmom.org, Di–Fr, So 10–17, Sa 10–19 Uhr, 14 $, erm. 11 $, am 1. Fr im Monat 17–20 Uhr Eintritt frei

31 Central Park

 Den größten Park der Stadt besuchen jährlich 30 Mio. Menschen

■ Den schnellsten Zugang bietet die Subway entlang der 8th Ave. (Linien B, C) mit den Stopps Columbus Circle, 72nd St., 81st St., 86th, 96th und 103rd St.
■ Der Central Park ist 4 km lang und 860 m breit, liegt zwischen der 5th und der 8th Ave. und reicht von der 59th bis zur 110th St.

Hier joggte schon Dustin Hoffmann alias Babe Levy in »Marathon Man«

Im Jahr 1857, als Immigranten aus aller Welt nach New York drängten, in erbärmlichen Pensionen und Mietskasernen ohne Fenster lebten und keinerlei Erholungsraum zur Verfügung hatten, schrieb Bürgermeister Fernando Wood einen Wettbewerb für einen Park im unerschlossenen Norden der Stadt aus. Ein Jahr später begannen die Bauarbeiten unter der Regie des Landschaftsplaners Frederick Law Olmsted und des Architekten Calvert Vaux. 3000 irische, deutsche und englische Tagelöhner schufteten für einen Dollar pro Tag, sprengten Hindernisse weg, verlegten 700 km Kanalrohre als unterirdische Drainage, verteilten 50 000 m³ Kieselsteine, pflanzten 250 000 Bäume und Sträucher. Hügel wurden aufgeschüttet, Seen ausgebaggert und es entstand eine idyllische, wie natürlich gewachsene Landschaft, ergänzt durch Terrassen, Tore, Brücken, Bögen und Brunnen. 1873 konnte nach 15-jähriger Bauzeit die Eröffnung des Parks gefeiert werden. Aber erst 1926 legte man gegen den Willen der Upper Class den ersten Kinderspielplatz an, denn die High Society wollte den Park als Naturlandschaft ganz für sich behalten.

Heute ist der Park längst für alle da, es gibt 21 Abenteuerspielplätze, 26 Basket-, Volley- und Beachball-Felder, und die 9000 eleganten, hölzernen Sitzbänke wären aneinander gereiht sieben Meilen lang. Mehr als 55 Monumente, Skulpturen und Brunnen schmücken Wege und Plätze. Man kann Vogelbeobachtungstouren buchen, Ruderboot fahren, gratis Konzerte und Schauspiele erleben, Seelöwen im Zoo besuchen, angeln, Modellboote steuern und Schlittschuh laufen.

Sehenswert

Sheep Meadow
| Wiese |

Die große Wiese auf der Westseite des Central Parks ist ideal zum Chillen, Frisbeespielen, um Drachen steigen zu lassen oder einfach zum Relaxen.

■ Zw. W. 66th bis 68th Sts.

Strawberry Fields
| Gedenkstätte |

Gegenüber vom Dakota Building, dem einstigen Wohnsitz von John Lennon, liegt das zu seinem Gedenken angelegte Gärtchen »Stawberry Fields«, benannt nach dem gleichnamigen Beatles-Song von 1967. An seinem Todestag am 8. Dezember treffen sich die Fans am »Imagine«-Mosaik.

■ Höhe 72nd St.

Bethesda Fountain
| Brunnen |

Der Brunnen gibt in unzähligen Filmen die Kulisse ab, denn der Blick von den nahen Treppen ist der romantischste im ganzen Park. Im Zentrum des Brunnens steht die Statue »The Angel of the Waters« von Emma Stebbins. Im Sommer treten hier Breakdancer, Akrobaten und Musiker auf.

■ nördlich der 72nd St. Transverse

Conservatory Water
| Teich |

Auf der Ostseite des Parks erstreckt sich nördlich der 73rd Street der idyllische Teich, an dem Generationen von New Yorkern ihr erstes ferngesteuertes Boot übers Wasser gelenkt haben – von April bis Oktober kann man jeden Samstag ab 10 Uhr dabei zuschauen. Am nördlichen Ende ist die Statue von Alice im Wunderland ein beliebtes Fotomotiv, am westlichen Seeufer bei der Bronzestatue von Hans Christian Andersen wird im Sommer aus seinen Werken gelesen.

■ Zw. E. 73rd und 75th Sts.

Belvedere Castle
| Ausstellung |

Das Schlösschen aus den 1860er-Jahren wurde von Calvert Vaux, dem Architekten des Central Parks entworfen und aus Schiefer gebaut, der beim Aushub für die Teiche gewonnen wurde. Der Bau beherbergt das Central Park Learning Center, das u. a. über die Fauna des Parks informiert.

■ Parkmitte nördlich der 79th St. Transverse, tgl. 10–17 Uhr

Shakespeare Garden
| Gartenanlage |

Er liegt etwas versteckt hinter dem Belvedere-Schlösschen, wurde 1916 zum 300. Todestag Shakespeares so

ADAC *Spartipp*

»Shakespeare in the Park« heißt das bekannte Gratis-Event, das jeden Sommer im Central Park für lange Warteschlangen sorgt. Stars wie Meryl Streep, Al Pacino und Denzel Washington standen schon in Shakespeare-Dramen auf der Open-Air-Bühne des Delacorte Theatre. Unter dem Motto »Summer Stage« werden von Mai bis Oktober zahllose Gratis-Veranstaltungen, Shows und Konzerte im Central Park und in 17 anderen Parks der Stadt geboten. *www.publictheater.org/free-shakespeare-in-the-park, https://cityparks foundation.org/summerstage*

benannt und zeigt Pflanzen, die in Shakespeares Stücken und Gedichten eine Rolle spielen. Schilder zitieren die Textpassagen.

■ Westseite nördlich der 79th St. Transverse

Great Lawn
| Wiese |

The Great Lawn, der Große Rasen, hat die Ausdehnung von 32 Fußballfeldern. Die größte Freifläche im Central Park schrieb Musikgeschichte: In den 1970er-Jahren, als New York bankrott und der Central Park zur Heimat von Drogendealern und Kriminellen verkommen war, gab es Überlegungen, den Park komplett zu schließen. Privatleute und Künstler wie Elton John kämpften für den Erhalt. Höhepunkt war das Benefizkonzert von Simon & Garfunkel im September 1981 zur Sa-

Auf dem Great Lawn gibt es viel Platz für Picknicks und sommerliche Konzerte

nierung des Parks, bei dem mehr als 500 000 Menschen auf dem Great Lawn feierten. Auch heute gibt es im Sommer Konzerte, und an schönen Tagen trifft sich auf dem Großen Rasen ganz New York.

■ Parkmitte zw. 81st und 85th Sts.

Jacqueline Kennedy Onassis Reservoir
| Wasserspeicher |

Der 2,5 km lange Pfad um das Reservoir ist eine der beliebtesten Joggingstrecken in Manhattan, gelaufen wird übrigens gegen den Uhrzeigersinn. Das Reservoir wurde 1862 zur Trinkwasserversorgung für Manhattan angelegt, wird aber nicht mehr dafür genutzt. Von den Treppen an der E. 90th Street, am nördlichen Ende des Reservoir, bietet sich ein schöner Rundumblick auf die den Park säumenden Wolkenkratzer.

Conservatory Garden
| Gartenanlage |

(18) *Der Trubel der Millionenmetropole scheint hier Lichtjahre entfernt*

An der Ecke Fifth Avenue und 105th Street führt ein schmiedeeisernes Tor in den Conservatory Garden mit romantischer Pergola und dem zauberhaften Brunnen »Three Dancing Maidens« des deutschen Bildhauers Walter Schott. Wer Hektik und Großstadtlärm satt hat: Hier wartet ein kleines Paradies.

■ Gratis-Führungen April–Okt. Sa 11 Uhr

 Restaurants

€€€ | **Tavern on the Green** Eine New Yorker Institution. 1870 als Pferch für eine Schafherde gebaut und 1934 zum Restaurant umgewandelt, war die Ta-

ADAC *Mobil*

Wer alle Wege im Central Park ablaufen wollte, müsste 90 km zurücklegen. Entspannter ist da die Tour mit dem **Pedicab,** der Fahrradriksha. Online gebucht kostet die einstündige, kommentierte Rundfahrt je nach Anbieter 39–45 $ pro Gast (2 Std. 90 $, 3 Std. 135 $, mind. 2, max. 3 Pers.). Wer ein Pedicab ohne Reservierung besteigt, zahlt 3–7 $ pro Minute. Der Treffpunkt wird bei der Buchung vereinbart. Peter Pen Tours (www.centralparktoursnyc.com) oder Central Park Pedicab Tours (www.centralparkpedicabs.com).

vern on the Green bis zur Pleite 2009 eine feste Größe für viele New Yorker Familien zu allen festlichen Anlässen. 2014 wurde sie nach einer 16-Mio.-Dollar-Renovierung neu eröffnet. Das Haus ist Schauplatz in zahlreichen Kinofilmen. ■ 67th St./Central Park West, Tel. 212-877-8684, www.tavernonthegreen.com, Mo–Fr Lunch 11–16, Dinner 17–23 Uhr, Sa, So Brunch 9–16, Dinner 17–23 Uhr, Reservierungen bis zwei Monate im Voraus

Kinder

Central Park Carousel Die Topattraktion für kleine Kinder stammt aus dem Jahr 1908. Der Ritt auf einem der 57 fast lebensgroßen, handgeschnitzten Pferdefiguren dauert 4 Min., dazu spielt eine Wurlitzer Orgel Polkas und Walzer. ■ Parkmitte Höhe 64th St., April–Okt. tgl. 10–18 Uhr, 3 $

Central Park Zoo Von Seelöwen und Pinguinen über Schneeleoparden und Grizzlybären bis zu Lemuren und den Affen im Regenwald gibt es hier Spaß für die ganze Familie. ■ E. 64th St., www.centralparkzoo.com, tgl. 10–17 Uhr, 18 $, erm. 15/13 $, der benachbarte Tisch Children's Zoo (Streichelzoo) ist im Eintrittspreis eingeschlossen

Sport

Trump Wollman Rink Auf der Rollschuhbahn kann man im Sommer skaten und von November bis März vor der Kulisse der Skyscraper von Central Park South Schlittschuhlaufen. ■ Höhe E. 63rd St., www.wollmanskatingrink.com, auch Verleih

Loeb Boat House Hier kann man Ruderboote für Kahnpartien auf The Lake leihen, und auch Räder werden vermietet. ■ East Drive/75th St., www.thecentralparkboathouse.com, April–Nov. tgl. 10–18 Uhr

`32` **Upper East Side**

Traditionelle Wohngegend der Super-reichen mit Museen und Kunstgalerien

■ Subway 4, 5 59th oder 86th St., Linie 6 hält zusätzlich an der 68th, 77th und 96th St., N, R 59th Street und Lexington Ave.

Die Postleitzahl der Upper East Side heißt 10021 und ist jedem Amerikaner ein Begriff, denn sie steht für die reichste Meile der USA. Wer auf der Upper East Side wohnt, genauer zwischen der 61st und 80th Street, gehört zur High Society, hat einen Concierge, einen Hunde-Sitter und finanziell mehr als ausgesorgt. Ende des 19. Jh. entstanden die ersten Townhouses entlang Fifth Avenue und Central Park, viele der repräsentativen Bauten be-

Gefällt Ihnen das?

Sie sind ein Kinofan? In New York werden Ihnen viele Locations bekannt vorkommen, weil sie bei Blockbustern als **Drehort** dienten – so findet zwischen **Roosevelt Island Tramway** (s. unten) und Queensboro Bridge der große Showdown zwischen Spiderman alias Tobey Maguire und dem Grünen Kobold statt. Im **Museum of Natural History** (S. 87) kämpft Ben Stiller in »Nachts im Museum« als Wächter mit zum Leben erwachten Exponaten. Die **New York Public Library** (S. 67) bietet im Endzeit-Thriller »The Day after Tomorrow« Jake Gillenhaal und seinen Freunden Zuflucht. Liste der Locations: www.onthesetof newyork.com, geführte Touren: www.onlocationtours.com.

herbergen heute Museen oder Konsulate. VIPs und Celebrities wohnen auf der Upper East Side wie Martin Scorsese, Woody Allen, Madonna und Mariah Carey. Zahllose Filme wurden hier gedreht, darunter Blockbuster wie »Men in Black«, Klassiker wie »Frühstück bei Tiffany« oder Serienhits wie »Sex and the City« und »Gossip Girl«.

 Sehenswert

Roosevelt Island Tram
| Seilbahn |

 Rote Seilbahngondeln schweben durch Hochhausschluchten

Die Roosevelt Island Tram ist eine der ältesten Seilbahnstrecken Nordamerikas – seit 1976 verbindet sie Manhattan mit Roosevelt Island im East River. An-

fangs war sie als Provisorium gedacht, weil sich der Bau der Subway zur Insel verzögerte, avancierte aber schnell zu einem Liebling der New Yorker. So schweben die Bewohner von Roosevelt Island schon ab morgens um 6 Uhr über den Fluss zu ihren Arbeitsplätzen nach Manhattan. Das 3 km lange Eiland selbst ist eher unscheinbar, Wohnblocks und Krankenhäuser prägen das Bild der einstigen Gefängnisinsel. Um sie aufzuwerten, wurde im Süden der Franklin D. Roosevelt Four Freedoms Park angelegt, eine Gedenkstätte für den (vor Trump) einzigen US-Präsidenten, der in New York City geboren wurde und der Insel ihren Namen gab. Der Blick von hier über den East River auf Midtown Manhattan ist spektakulär.

■ Haltestelle 2nd St. zw. 59th und 60th Sts., So–Do 6–2, Fr, Sa 6–3.30 Uhr alle 15 Min., die Metrocard gilt auch hier, https://rioc.ny.gov/tramtransportation. htm, Park Mi–Mo 9–17 Uhr, www.fdrfour freedomspark.org

The Met Breuer
| Kunstmuseum |

Das vom Bauhausarchitekten Marcel Breuer entworfene Gebäude aus den 1960er-Jahren war bis 2015 Sitz des Whitney Museum of American Art. Nach dessen Umzug in den Meatpacking District richtete das Metropolitan Museum in dem denkmalgeschützten Bau eine Dependance ein, wo es in Wechselausstellungen zeitgenössisches Kunstschaffen präsentiert. Auch Workshops und Artists-in-Residence-Programme werden organisiert.

■ 945 Madison Ave. (zw. 74th und 75th Sts.), www.metmuseum.org/visitmet breuer, Di–Do 10–17.30, Fr, Sa 10–21, So 10–17.30 Uhr, 25 $, erm. 12/17 $

Cafés

€ | Joe Coffee Eine der besten Kaffeehausketten New Yorks und seit 2011 auch in der Upper East Side vertreten, garantiert den nötigen Koffeinkick für die nächste Unternehmung. ■ 1045 Lexington Ave. (zw. 74th und 75th Sts.), Tel. 212-988-2500, www.joenew york.com/locations/lexington, Mo–Sa 7–20, So 8–20 Uhr

€–€€ | Two Little Red Hens In dieser Bäckerei legt man schon vom Hinschauen zu: Zimtschnecken groß wie Salatschüsseln, Brooklyn Blackout Cake mit vier Etagen Schokolade samt Schokopudding in Karamell und der beste Cheesecake. ■ 1652 2nd Ave./86th St., Tel. 212-452-0476, www.twolittlered hens.com, Mo–Do 7.30–21, Fr 7.30–22, Sa 8–22, So 8–20 Uhr

€€ | Lady M Cake Boutique Die hausgemachten Kuchen sind kleine Kunstwerke. Spezialität ist der Mille Crêpe Cake aus 20 hauchdünnen Lagen. Es gibt aber auch Salate und Gourmet-Sandwiches. ■ 41 E. 78th St./Madison Ave., Tel. 212-452-2222, www.ladym.com, Mo–Fr 10–19, Sa 11–19, So 11–18 Uhr

 Einkaufen

Lexington, Park, Madison und **Fifth Avenue** sind das ideale Shoppingrevier für Menschen mit Geld. Speziell auf der Madison Avenue reihen sich Topdesigner und Luxusboutiquen aneinander. Aber auch Ketten wie Victoria's Secret, Michael Kors und Superdry haben hier Filialen. Die Shoppingtour startet am besten auf der Lexington Avenue Höhe 59th Street.

Alle 15 Minuten schwebt die Roosevelt Island Tram über den East River

33 Museum Mile

Kunstliebhaber finden hier ein ideales Revier

Das Metropolitan Museum ist eine Schatzkammer der Menschheitsgeschichte

 i Information

■ Alle Museen liegen an der Fifth Avenue, die Subway (Linien 4, 5, 6) verläuft drei Blocks östlich entlang der Lexington Avenue mit Stopps an der 68th St. (Frick Museum), 77th St. (The Met Breuer, The Met Fifth Avenue), 86th St. (Neue Galerie, Solomon R. Guggenheim Museum, Cooper-Hewitt Museum, Jewish Museum) und 103rd St. (Museum of the City of New York, El Museo del Barrio).

Auf der noblen Upper East Side machen berühmte Sammlungen die Fifth Avenue zwischen 82nd und 105th Streets zur ersten Kulturadresse. Allein das Metropolitan Museum of Art ist für Aficionados eine Reise nach New York wert. Ihnen bietet die Empty Met Tour (S. 101) ein einmaliges Erlebnis.

 Sehenswert

 a Frick Collection
| Kunstmuseum |
 Private Einblicke in das Leben des New Yorker Geldadels

Die Villa am südlichen Central Park ist vielleicht das schönste kleine Museum der USA. Der Palast (erbaut von Carrere und Hastings, den Architekten der New York Public Library) war einst das Domizil des Industriellen Henry Clay

Plan
S. 99

ADAC *Wussten Sie schon?*

■ 1 E. 70th St., www.frick.org, Di–Sa 10–18, So 11–17 Uhr, Einlass erst ab 10 Jahren, 22 $, erm. 17/12 $, Audio-Guide im Ticket enthalten, 1. Fr im Monat 16–21 Uhr Eintritt frei

Frick (1849–1919), der seine Kunstsammlung als Stiftung der Öffentlichkeit zugänglich machte. Zu den von Frick erworbenen Gemälden kamen mit der Zeit weitere hinzu. Heute können Besucher in 17 privaten, teils noch original möblierten Räumen 1500 Gemälde und Skulpturen aus dem 15. bis 19. Jh. bewundern, darunter Meisterwerke von Vermeer (drei der insgesamt 36 weltweit existierenden Gemälde), Velazquez, El Greco, Renoir und Degas. Der runde Music Room mit Platz für 175 Gäste ist einer der schönsten Räume für Kammermusik in Manhattan, das Konzertprogramm findet man auf der Museums-Website.

The Met Fifth Avenue
| Kunstmuseum |

 Die bedeutendste Kunstsammlung der westlichen Welt

The Metropolitan Museum of Art, das größte Kunstmuseum der USA, hat einen universalen Anspruch und will die wichtigsten Kulturepochen der Menschheit darstellen, von der Steinzeit bis heute. Es wurde 1870 von New Yorker Geschäftsleuten, Bankiers und Künstlern gegründet, für den Entwurf des klassizistischen Baus zeichnete Richard Morris Hunt verantwortlich. In 17 Abteilungen zeigt das Metropolitan

Architektonischer Paukenschlag an der Fifth Avenue: das Guggenheim Museum

Museum Meisterwerke aller Weltkulturen: Gemälde, Reliefs, Skulpturen, Rüstungen, Fotos, Mode, Möbel – 3 Mio. Exponate auf insgesamt 20 ha. Um einen Überblick zu bekommen, bieten sich die einstündigen Führungen an (auch in Deutsch), die im Ticketpreis enthalten sind. Die Museum Highlight Tour startet ab 10.15 Uhr täglich fünfmal in der Great Hall und ist offen für alle ohne Anmeldung.

Wer in der überwältigenden Themenvielfalt nicht untergehen will, muss sich für einen Schwerpunkt entscheiden. Besonders attraktiv: der amerikanische Flügel, der Astor Chinese Garden Court (eine Rekonstruktion aus der Ming-Dynastie), die japanische Abteilung und der ägyptische Tempel von Dendur aus dem Jahr 10 v. Chr. Er wurde 1965 bei der Flutung des Nasser-Stausees abgebaut und 1978 hier komplett wiederaufgebaut.

Der Dachgarten (Cantor Roof Garden) ist von Mai bis Oktober geöffnet und zeigt Skulpturen und Installationen. Die meisten Gäste kommen aber wegen der einmaligen Aussicht über den Central Park und die Skyline. Eine weinbewachsene Pergola sorgt für Schatten, es gibt Sandwiches, Brownies, Kaffee und Longdrinks. Um hinaufzugelangen, nimmt man den Fahrstuhl in der European Sculpture and Decorative Arts Gallery (beim Übergang zur Modern and Contemporary Art Gallery) und fährt in den 5. Stock.

Der Museums-Shop ist auch ohne Eintrittskarte zu besuchen. Hier bekommt man den »Illustrated Guide« mit den 869 Top-Hits der Sammlung (19,95 $) – ein schönes Souvenir.

The Met hat drei Standorte. Neben dem Hauptgebäude am Central Park gibt es seit 1938 The Met Cloisters für mittelalterliche und kirchliche Kunst im Norden von Manhattan und seit 2016 The Met Breuer für zeitgenössische Kunst an der Madison Avenue. Das Ticket gilt am Tag der Ausstellung für alle drei Museen.

■ 1000 5th Ave., www.metmuseum.org, So–Do 10–17.30, Fr, Sa 10–21 Uhr, 25 $, erm. 17/12 $, Audio Guide 7 $

c Neue Galerie – Museum for German and Austrian Art
| Kunstmuseum |

In der einstigen Stadtvilla der Vanderbilts eröffnete 2001 das Museum für deutsche und österreichische Kunst des frühen 20. Jh. Im 1. Stock sind Werke von Klimt, Schiele und Kokoschka zu sehen, darunter der Star der Sammlung, Klimts »Bildnis Adele Bloch-Bauer I«, das nach langem Rechtsstreit 2006 für 135 Mio. Dollar erworben wurde. Der 2. Stock ist deutschen Expressionisten gewidmet und zeigt Werke von Paul Klee, Otto Dix, George Grosz, Feininger und Kandinsky. Arbeiten von Werkbund und Bauhaus präsentiert die Abteilung Kunstgewerbe.

■ 1048 5th Ave./86th St., www.neuegalerie.org, Do–Mo 11–18 Uhr, 20 $, erm. 15/10 $, jeden 1. Fr im Monat 18–20 Uhr Eintritt frei

d Solomon R. Guggenheim Museum
| Kunstmuseum |

Bei der Eröffnung des Gebäudes von Frank Lloyd Wright 1959 gab es Spott und Proteste, heute gilt es als architektonisches Meisterwerk. Man beginnt den Rundgang ganz oben und spaziert auf einer spiralförmigen Rampe nach unten, vorbei an wechselnden Beständen der Sammlung, deren Schwerpunkt auf Kunst der klassischen Moderne liegt, mit Werken von

Paul Klee, Kandinsky, Manet, Renoir, Van Gogh, Matisse, Picasso, Braque und Gauguin. Neuere Erwerbungen sind Werke des Minimalismus und der Konzeptkunst sowie 200 Fotografien von Robert Mapplethorpe.

■ 1071 5th Ave. (zw. 88th und 89th Sts.), www.guggenheim.org, Mo–Mi, Fr, So 10–17.45, Sa 10–19.45 Uhr, 25 $, erm. 18 $, jeden Fr 17.45–19.45 Uhr pay-what-you-wish

e Cooper-Hewitt Smithsonian Design Museum
| Designmuseum |

Das Museum in der einstigen Villa von Andrew Carnegie wurde nach zweijährigen Umbauarbeiten 2015 neu eröffnet – mit einem modernen Konzept, das den Besucher an interaktiven Stationen selbst zum Designer macht. In den 64 Räumen des Stadtpalastes sind Objekte zu sehen, deren zeitliches Spektrum von altägyptischer Zeit bis in die Gegenwart reicht. Nach Anlegen eines Accounts auf der Museumswebsite kann man mit einem Pen Informationen zu einzelnen Exponaten speichern und zu Hause am eigenen Computer abrufen.

■ 2 E. 91st St./5th Ave., www.cooper hewitt.org, tgl. 10–18, Sa 10–21 Uhr, 18 $, erm. 12/9 $, jeden Sa 18–21 Uhr pay-what-you-wish

Im Gebäude des Cooper Hewitt Museum residierte Stahlbaron Andrew Carnegie

f The Jewish Museum
| Jüdisches Museum |

Die ehemalige Villa des Bankiers Felix Warburg von 1908 beherbergt heute die weltgrößte Sammlung von Judaika – Kultgegenstände, Kunstwerke und archäologische Fundstücke, aber auch Film- und Tondokumente. Die Exponate decken einen Zeitraum von 4000 Jahren ab, von biblischer Zeit über die Diaspora bis heute, und ergeben ein facettenreiches Bild von jüdischer Kultur und Geschichte.

■ 1109 5th Ave., www.thejewishmuseum. org, Sa–Di 11–17.45, Do 11–20, Fr 11 bis 16 Uhr, 18 $, erm. 12/8 $, Sa Eintritt frei, jeden Di 17–20 Uhr pay-what-you-wish

g Museum of the City of New York
| Stadtmuseum |

Ein halbstündiges Video schildert die Entwicklung der Stadt von einer kleinen holländischen Siedlung zur heutigen Weltmetropole. Die Sammlung umfasst neben Fotos und Dokumenten auch Hausrat, Möbel, Kleidung und Schmuck. Wechselausstellungen erhellen unterschiedliche Aspekte städtischen Lebens. Vom Café im 2. Stock schaut man über den Central Park.

■ 1220 5th Ave., www.mcny.org, tgl. 10–18 Uhr, 18 $, erm. 12 $

h El Museo del Barrio
| Kunstmuseum |

New Yorks erste Adresse für lateinamerikanische, karibische und puertoricanische Kunst und Kultur, mit Bildern u.a. von Frida Kahlo und Diego Rivera sowie 500 Santos de Palo, hölzernen Heiligenfiguren, die speziell auf Puerto Rico eine große Bedeutung haben. Im Museumscafé Side Park gibt es mexikanische Küche.

»Abraham mit Sarah«: Gemälde von James Tissot im Jewish Museum

■ 1230 5th Avenue/104th St.), Subway 6 103rd St., www.elmuseo.org, Mi–Sa 11–18, So 12–17 Uhr, bis Herbst 2018 wegen Umbauarbeiten geschl., Café geöffnet, 9 $, erm. 5 $

 Restaurants

€–€€ | Russ & Daughters Das koschere Restaurant im Erdgeschoss des Jewish Museum ist eine Topadresse für einen entspannten Lunch auf der Museumsmeile. Es wird von derselben Familie geführt, die seit vier Generationen Russ & Daughters in der Lower East Side betreibt, eine Institution für geräucherten Fisch. Es gibt auch einen Take-away-Counter mit Bagels, Bialys etc. zum Mitnehmen.■ Jewish Museum, Tel. 212-475-4880, www.russanddaughters.com, Mo, Di, Do 11–16, Fr 11–14, Sa 10–16, So 9–17.45 Uhr, Plan S. 99 b3

€€ | Café Sabarsky Museumscafé im Wiener Kaffeehausstil, benannt nach dem 1996 verstorbenen österreichischen Kunsthändler, der gemeinsam mit dem Milliardenerben Ronald S. Lauder die Sammlung zusammentrug. Zur Einrichtung gehört Originalmobiliar der Wiener Werkstätten. ■ Neue Galerie, Tel. 212-288-0665, Mo, Mi 9–18, Do–So 9–21 Uhr, Plan S. 99 b3

 Erlebnisse

Empty Met Tour Als Teilnehmer dieser 90-minütigen Tour entgeht man den Besuchermassen und kann die Kunstwerke ganz ungestört betrachten: Morgens um 8.30 Uhr, ehe das Museum um 10 Uhr öffnet, erlebt man in einer kleinen Gruppe die Highlights der Sammlung und einen Schnelldurchlauf durch 5000 Jahre Kunst- und Kulturgeschichte, geführt von passionierten Profis. ■ Termine meist Fr–Mo, Details auf der Website, wo man auch buchen kann, 150 $, Plan S. 99 a/b4

Am Abend

Für Klassikfans ist das Lincoln Center, das größte Kulturzentrum der USA zwischen 62nd und 65th Streets, die Topadresse für Konzert, Ballett und Oper. Generell ist Uptown ein eher ruhiges und gediegenes Pflaster, und in manchen Bars der Upper East Side fühlt man sich in die 1950er-Jahre zurückversetzt.

 Bühne

Lincoln Center und Metropolitan Opera Mit der Lincoln-Center-App lassen sich Tickets aufs Handy laden, Pausengetränke vorbestellen, Interviews ansehen. Tickets gibt es ebenso online (www.lincolncenter.org/visit/boxoffice, www.metopera.org) sowie an der Kasse, die von 10 Uhr bis zum Vorstellungsbeginn geöffnet ist (s. auch S. 86).

 Konzert

The Met Fifth Avenue Das Museum (s. auch S. 97) organisiert immer wieder Konzerte auf dem Rooftop oder im Ägyptischen Tempel von Dendur. ■ www.metmuseum.org/events

Woody Allen & The Eddy Davis New Orleans Jazz Band Seit vielen Jahren spielt Woody Allen jeden Montagabend im Café Carlyle Klarinette; er spricht kein Wort, aber manchmal singt er. Rechtzeitig buchen, das Café hat nur 90 Plätze. Das Ambiente ist nobel, schließlich ist das Carlyle Hotel eine Topadresse. ■ Café Carlyle im The Carlyle Hotel, 35 E. 76th St., Subway 4, 6 77th St., Tel. 212-744-1600, www.thecarlyle.com, Mo ab 20.45 Uhr, Platz am Tisch 165 $ (Mindestverzehr 75 $), Platz an der Bar 120 $ (25 $)

 Kneipen, Bars und Clubs

Lexington Bar and Books Wer seine ID vorzeigt, bekommt eine Zigarre gratis, denn dies ist eine der wenigen Cigar Bars mit Raucherlaubnis. Für das Vergnügen muss Mann sich allerdings in Schale werfen: Jackett und Hemd mit Kragen sind ein Muss. ■ 1020 Lexington Ave./73rd St., Subway 4, 6 68th oder 77th St., Tel. 212-727-3902, www.barandbooks.cz, Di–Sa 17–5, So, Mo 17–3 Uhr

Bemelmans Bar Ludwig Bemelmans wurde 1898 im damaligen Österreich-Ungarn geboren und schlug sich in den USA mit Jobs durch, bis ihm 1939 der Durchbruch als Kinderbuchautor und Illustrator gelang. Heute erzielen seine Bilder Rekordpreise. Seine Wandmalereien mit Szenen aus dem nahen Central Park machen Bemelmans Bar zu einer Ikone der 1950er-Jahre. Auch sonst ist alles Old School: Die Decke besteht aus 24-karätigem Gold, die Bar aus schwarzem Granit, die Kellner servieren im weißen Jackett, der Live-Jazz ist ebenso gut wie die Cocktails. Am Wochenende voll, Cover Charge So–Do 25 $, Fr, Sa 35 $ am Tisch 15 $ an der Bar. ■ 35 E. 76th St., Tel. 212-744-1600, Subway 4, 6 77th St., www.rosewoodhotels.com, tgl. 12–24, Fr, Sa bis 1.30 Uhr, Entertainment 17.30–20.30, 21.30–24.30 Uhr, So, Mo bis 24 Uhr

Übernachten

Der Unterschied zwischen Upper West und Upper East spiegelt sich auch bei der Unterkunft wider: Auf der gutbürgerlichen Upper West Side findet man bezahlbare Zimmer in ruhiger Umgebung, auf der Upper East Side residieren einige der teuersten Hotels der Stadt, aber auch ein paar Geheimtipps.

€

Hotel Newton Im Herzen der Upper West Side, die Express Subway vor der Türe, Zabar's um die Ecke, Central Park im Osten, Riverside Park mit dem Hudson im Westen, bietet dieses betagte Hotel sensationell niedrige Preise. ■ 2528 Broadway (zw. 94th und 95th Sts.), Tel. 212-678-6500, www.thehotel newton.com

€–€€

Affinia Gardens Hotel Zehn Fußminuten zum Central Park, Familienzimmer und Suiten mit Kitchenette und viel Platz. ■ 215 E. 64th St., Tel. 212-355-1230, www.affinia.com/gardens

Excelsior Hotel Gegenüber vom Museum of Natural History und direkt am Central Park ist die Lage der Hit. Gemütliche Zimmer, gute Betten, WLAN in der Lobby gratis, im Zimmer gegen Gebühr. ■ 45 W. 81st St., Tel. 212-362-9200, www.excelsiorhotelny.com

The Franklin Hotel 50 kleine Zimmer in einer stillen Wohngegend, Buffetfrühstück inklusive, Gratis-WLAN. Gilt als Geheimtipp. ■ 164 E. 87th St. (zw. Lexington und 3rd Aves.), Tel. 212-369-1000, www.franklinhotel.com

€–€€€

Beacon Hotel 270 große Zimmer mit voll eingerichteter Kitchenette für kleine Mahlzeiten. Die Zutaten dafür gibt es gegenüber im Supermarkt. Blick auf Central Park und Midtown. Im Beacon Theatre neben dem Hotel gibt es Rock- und Popkonzerte, hier werden auch die Tony Awards verliehen. ■ 2130 Broadway/75th St., Tel. 212-787-1100, www.beaconhotel.com

€€

Hotel Wales Luxusrenoviertes Boutiquehotel in ruhiger Umgebung mit 92 Zimmern und Dachterrasse. Alle Suiten mit Blick auf Madison Avenue und Central Park. ■ 1295 Madison Ave. (zw. 92nd und 93rd Sts.), Tel. 212-876-6000, www.hotelwalesnyc.com

€€–€€€

NYLO New York City Modernes, leicht flippiges Designhotel in ruhiger Wohngegend, 258 meist große Zimmer mit Laminatboden (manche mit Balkon), Dachterrasse, WLAN in der Lobby gratis. ■ 2178 Broadway, Tel. 212-362-1100, www.nylohotels.com

€€€

The Surrey Teuer und nobel, manche halten es für New Yorks bestes Hotel. Unter den Gästen sind viele Promis. Sternerestaurant (Café Boulud) und Spa im Haus. Dachgarten im 17. Stock mit Blick über den Central Park (Do mit Live-Jazz). ■ 20 E. 76th St., Tel. 212-288-3700, www.thesurrey.com

Boroughs

Wer noch Zeit und Kondition hat: Auch New Yorks andere Stadtviertel haben Hotspots und Attraktionen zu bieten

Manhattan ist der kleinste der New Yorker Boroughs. Doch für den echten Manhattan-Snob sind die vier übrigen Stadtbezirke Provinz.»Bridge and Tunnel Crowd« werden all jene genannt, die am Wochenende von auswärts, über Brücken und durch Tunnel nach Manhattan einfallen, um die angesagten Hotspots heimzusuchen. Inzwischen gibt es den Trend aber auch in die andere Richtung: Brooklyns Stadtteil Williamsburg gilt als Epizentrum der New Yorker Clubszene. Brooklyn ist auch sonst der Favorit, schnell zu erreichen und mit Brooklyn Heights und den kreativen Läden und Galerien in Dumbo ein spannendes Pflaster.

Queens ist flächenmäßig ebenfalls ein Gigant und mit 150 Nationalitäten der multikulturellste Stadtteil, was sich auch in den ethnischen Küchen niederschlägt. Die Bronx kämpft mit ihrem Negativimage, hat aber mit City Island einen echten Geheimtipp zu bieten. Staten Island schließlich als grünster Stadtteil von allen hat ein Problem mit den 2000 Rehen, die auf der Insel die Vorgärten kahl fressen. Besucherfavorit ist die Staten Island Ferry, die kostenlose Fährverbindung nach Manhattan.

In diesem Kapitel:

ADAC Top Tipps:

 Brooklyn
| Stadtteil |
Ein Kosmos für sich. Brooklyn vereint
kleinstädtisches Idyll, grüne Parks und
eine lebendige Kunstszene. 108

ADAC Empfehlungen:

 **Gospelmesse in der Convent
Avenue Baptist Church**
| Gospelgottesdienst |
Der Chor ist einfach großartig, und
die Gemeinde heißt Gäste auch ohne
gebuchte Tour willkommen. 107

 Parlor Jazz at Marjorie Eliot's
| Jazzkonzert |
Im privaten Wohnzimmer der Pianis-
tin steigt seit zwei Jahrzehnten jeden
Sonntag eine Jazz-Session. 107

 **Brooklyn Heights
Promenade**
| Aussichtspunkt |
Meditative Meile mit traumhaftem
Blick auf die Skyline. Magisch am
frühen Abend, wenn in Manhattan
die Lichter angehen. 109

**Museum of the Moving
Image**
| Filmmuseum |
Filmfreaks und Muppet-Fans werden
vieles wiedererkennen. Das Kino zeigt
spannende Retrospektiven. 116

 City Island
| Insel |
Ein Neuenglandidyll in der Bronx. Die
kleine Insel im Long Island Sound mit
ihrem maritimen Flair ist das schönste
Geheimnis des Viertels. 119

Im Apollo Theater begann die Karriere zahlreicher Jazzgrößen

34 Harlem

Der Stadtteil im Norden erlebt seit den 1990er-Jahren eine Renaissance

■ Subway 2, 3 125th St. (Dr. Martin Luther King Jr. Blvd.)

Harlem war ein Zentrum der Black Power, Geburtsort vieler großer schwarzer Schriftsteller, Künstler und Politiker des 20. Jh. Nach Jahren des Niedergangs boomt nun rund um die 125th Street das Business, locken renovierte Stadthäuser, hippe Restaurants und Yoga-Studios den weißen Mittelstand – viele Einwohner befürchten, dass Harlem seine Seele verliert. Die meisten Touristen kommen wegen der Gospelmessen, der Soulfood-Restaurants und der großartigen Jazz-, Swing- und Blues-Adressen.

 Sehenswert

The Studio Museum in Harlem
| Kunstmuseum |
Das kleine Museum zeigt zeitgenössische afroamerikanische, afrikanische und karibische Kunst sowie historische Harlem-Fotografien, angeschlossen sind ein Café und ein Shop.
■ 144 W. 125th St. (zw. Lenox/7th Aves.), www.studiomuseum.org, Do, Fr 12–21, Sa 10–18, So 12–18 Uhr, 7 $, erm. 3 $

Apollo Theater
| Musikbühne |
Michael Jackson und Ella Fitzgerald sind nur zwei von vielen, deren Karriere hier begann. Das Theater wurde 1934 eröffnet und ist Harlems älteste Bühne. Bei der berühmten Amateur Night am Mittwochabend treten Sänger, Tänzer und Wortakrobaten vor ein kritisches Publikum.
■ 253 W. 125th St./Frederick Douglass Blvd., Tel. 212-531-5300, www.apollo theater.org, 21 $ (Amateur Night)

Hispanic Society of America Museum and Library
| Kunstmuseum |
Die beste Sammlung hispanischer Kunst außerhalb des Prado in Madrid mit Werken u.a. von Goya, El Greco, Murillo und Velázquez sowie 13 Bildern von Joaquin Sorolla, Spaniens Meister des Lichts.
■ 613 W. 155th St., Eingang Broadway zw. 155th und 156th Sts., Subway 1, 157th St., www.hispanicsociety.org, Di–Sa 10–16.30, So 13–16 Uhr, bis Herbst 2019 wegen Renovierung geschl., Eintritt frei

Restaurants

€–€€ | Sylvia's Busladungen voller US-Touristen, aber auch jede Menge Stammgäste aus der Nachbarschaft schwören auf die »Queen of Soul Food«, berühmt sind die Barbecue Ribs. So Gospel Brunch, Mi Livemusik ▪ 328 Malcolm X Blvd. (nahe 127th St.), Tel. 212-996-0660, www.sylviasrestaurant.com, Mo–Sa 8–22.30, So 11–22 Uhr

Erlebnisse

㉑ Gospelmesse in der Convent Avenue Church Harlem hat Hunderte von Kirchen und überall freut man sich über Gäste. Die Convent Avenue Baptist Church hat einen großartigen Chor, Gäste bekommen ein Programm in ihrer Muttersprache. Die Sonntagsmesse beginnt regulär um 11 Uhr, aber man ist besser eine Stunde vorher vor Ort. Wichtig: Für den Kirchgang macht man sich fein, das Handy bleibt während des Gottesdienstes in der Tasche – und es ist tabu, vor dem Ende zu gehen. Für die Kollekte sollte man ein paar Dollar einplanen. ▪ 420 W. 145th St., Subway A, B, C, D 145th St., Tel. 212-234-6767, www.conventchurch.org

㉒ Parlor Jazz at Marjorie Eliot's Seit zwei Jahrzehnten treffen sich Jazzfreunde jeden Sonntagnachmittag in Harlem in einem privaten Wohnzimmer. Dort lädt Pianistin Marjorie zu einer Jam-Session mit wechselnden Musikern und Sängern. Die Konzerte sind kostenlos, für die Musiker wird gesammelt. Früh kommen, die 50 Klappstühle sind schnell besetzt. ▪ 555 Edgecombe Ave., Apartment 3F, Subway C 163 St., Tel. 212-781-6595, So 15.30–17.30 Uhr, Einlass ab 15 Uhr

Im Blickpunkt

New Yorks Wassertürme

Paris hat den Eiffelturm, Pisa hat den Schiefen Turm und New York hat die Wassertürme – hölzerne Ungetüme auf den Dächern, die man überall entdeckt, wenn man erst einmal darauf achtet. Weil der natürliche Wasserdruck nur bis zum 6. Stockwerk reicht, pumpen alle höheren Gebäude das Wasser in einen hölzernen Tank auf dem Dach. Dann sorgt die Schwerkraft dafür, dass das Wasser überall im Haus mit genügend Druck aus dem Hahn kommt. Rund 20 000 dieser water towers gibt es in New York, ein besonders markantes Exemplar, 1872 aus Granit erbaut, überragt an der High Bridge das Harlem River Valley. Im Rahmen des Water Tank Project wurden einige Wassertürme in Kunstwerke umgewandelt – ein beliebtes Fotomotiv ist Tom Fruins Water Tower in Dumbo auf dem Dach des Hauses Nr. 20 in der Jay Street.

Brooklyn

Kleinstadtidyll, grüne Parks und eine lebendige Kunstszene

Unbezahlbar: der Blick von der Brooklyn Heights Promenade auf Manhattans Skyline

ℹ️ Information

■ Drei Brücken, 14 Subway-Linien und die East River Ferry führen nach Brooklyn, die Hotspots erreicht man mit den Sub-way-Linien A, C High St. (Brooklyn Heights und Dumbo), 2, 3 Clark St. (Brooklyn Heights Promenade), M, G, J, Z und L (Williamsburg), 2, 3, 4 (Brooklyn Museum, Brooklyn Botanic Garden), F, G (Prospect Park) und B, D, F, N, Q (Coney Island).

 Größter Stadtteil mit vielen Hits und grandiosem Skylineblick

Brooklyn ist mit 2,6 Mio. Einwohnern und einer Fläche von 184 km² der größte Stadtbezirk New Yorks mit den meisten Einwohnern. Schon für sich allein genommen wäre es die viert-größte Stadt der USA. Brooklyn ist in zahlreiche Neighborhoods aufgeteilt. Brooklyn Heights, Dumbo und Wil-liamsburg liegen am Ufer des East Ri-ver, sind schnell zu erreichen und ha-ben wesentlich mehr zu bieten als den spektakulären Blick auf die Skyline von Manhattan.

👁 Sehenswert

 Brooklyn Heights
| Historisches Viertel |
Brooklyn Heights ist die Keimzelle der heutigen Stadt, eine ruhige Wohnge-gend mit kopfsteingepflasterten Stra-

Plan
S. 111

ßen und denkmalgeschützten Brownstones unter hohen Bäumen. In den 1950er-Jahren lebten in den historischen Reihenhäusern Schriftsteller wie Arthur Miller, Truman Capote, Henry Miller, Carson McCullers und Norman Mailer.

▧ Zw. East River, Atlantic, Court und Fulton Sts.,. Subway 2, 3 Clark St., A, C High St., R Court St. oder zu Fuß über die Brooklyn Bridge

ⓑ Brooklyn Heights Promenade
| Aussichtspunkt |

㉓ *Wunderbare Ausblicke auf die Skyline von Manhattan*

Die Promenade wurde gebaut, um das nahe Wohngebiet vor dem Lärm des Expressways abzuschirmen. Von kaum einem anderen Platz hat man einen schöneren Blick auf die Skyline, auf Lady Liberty und die Brooklyn Bridge – magisch am frühen Abend, wenn in Manhattan die Lichter angehen. Zwei Lieblingsadressen der Einheimischen sind nur einen kurzen Fußweg entfernt: die Brooklyn Ice Cream Factory im alten Bootshaus unter der Brücke und Grimaldi's Pizza.

▧ Zw. Remsen und Cranberry Sts.

ⓒ Brooklyn Bridge Park
| Park |

Was als begrünter Hügel unter der Manhattan Bridge begann, ist heute ein weitläufiger Park mit Ballspielplätzen und Sportanlagen wie den Dumbo Boulders, wo man ohne Seil und Klettergurt die Wände hochgehen kann, mit Kinderhits wie Jane's Carousel, Spazierwegen und Liege-

ADAC *Spartipp*

Walk-Up Kayaking heißt das Programm, bei dem man sich in den Sommermonaten an etlichen Anlegestellen zu bestimmten Terminen kostenlos einen Kajak leihen kann. Man muss nicht reservieren, sondern kommt einfach vorbei, so im Brooklyn Bridge Park (www.bbpboathouse.org), an den Piers 26 und 96 im Hudson River Park (www.downtownboathouse.org, www.manhattancommunityboathouse.org) und an Pier 101 auf Governors Island (www.downtownboathouse.org/governors-island).

wiesen. Im Sommer gibt es einen Pop-up Pool und Konzerte im Freien.

■ Brooklyn Waterfront zw. Manhattan Bridge und Pier 6, www.brooklynbridge park.org, Dumbo Boulders: https://dumbo.thecliffsclimbing.com

d Dumbo
| Stadtteil |

Der Name des von mächtigen Brückenrampen und -pfeilern dominierten Viertels ist eine Abkürzung für

Im Blickpunkt

Die Parallelwelt der Chassidim

In Borough Park, Crown Heights und im südlichen Williamsburg sieht man Männer mit Schläfenlocken und schwarzen Hüten, Frauen mit Perücken und langen Mänteln. Es sind ultraorthodoxe chassidische Juden, die inmitten der Moderne in einem selbstgeschaffenen Getto leben. Ehen werden arrangiert, Radio, TV und Internet sind tabu. Weil es die Aufgabe der Frau ist, Kinder zu bekommen, wächst die Gemeinde rasant und verdoppelt sich alle 20 Jahre. Im Holocaust sehen die Chassidim eine Verpflichtung, religiöse Vorschriften noch strenger zu befolgen, der zornige Gott soll durch Frömmigkeit besänftigt werden. Nur wenigen gelingt es auszubrechen. Die Autorin Deborah Feldman schildert in ihren erfolgreichen Romanen »Unorthodox« und »Überbitten« ihre Kindheit und Jugend in der chassidischen Satmar-Gemeinde in Brooklyn.

Down Under the Manhattan Bridge Overpass. Mit seinen aufgemöbelten Industrielofts, winzigen Pocket Parks, netten Kneipen und Kunstgalerien ist es ein ideales Bummelquartier.

■ Zw. Brooklyn Bridge und Bridge Street

e Williamsburg
| Stadtteil |

Das einstige Arbeiterviertel hat zwei Gesichter. Zum einen leben hier 50 000 Satmar, chassidische Juden. Wer sich innerhalb ihres Bezirks bewegt – zwischen Division Avenue, Broadway, Heyward Street und dem Brooklyn Navy Yard – findet sich in eine fremde Welt versetzt. Die Satmar sind Fundamentalisten, die streng nach den Regeln der Thora und des Talmud leben. Frauen bekommen durchschnittlich sieben Kinder, Gleichberechtigung ist kein Thema. Mit den Subways J, M und Z (Station Marcy Avenue) gelangt man in das Schtetl mit koscheren Krämerläden und Männern mit Schläfenlocken. Das andere Williamsburg, das hippe und coole, in dessen Clubs derzeit halb New York pilgert, beginnt nördlich der Williamsburg Bridge und der Grand Street. Viele Kreative wechselten schon in den 1990er-Jahren wegen steigender Mieten aus dem East Village über den Fluss. Heute leben mehr als 6000 Künstler in Williamsburg und nutzen die alten Industrielofts als Ateliers. Es gibt über 70 Galerien, täglich eröffnen neue Boutiquen, Clubs und Cocktailbars. Obwohl die Szene brodelt, ist das Leben relaxter als im benachbarten Manhattan, dessen Skyline auch im Bushwick Inlet Park oder im kleinen Grand Ferry Park am East River die Kulisse abgibt.

■ Subway G Lorimer St. oder zu Fuß über die Williamsburg Bridge

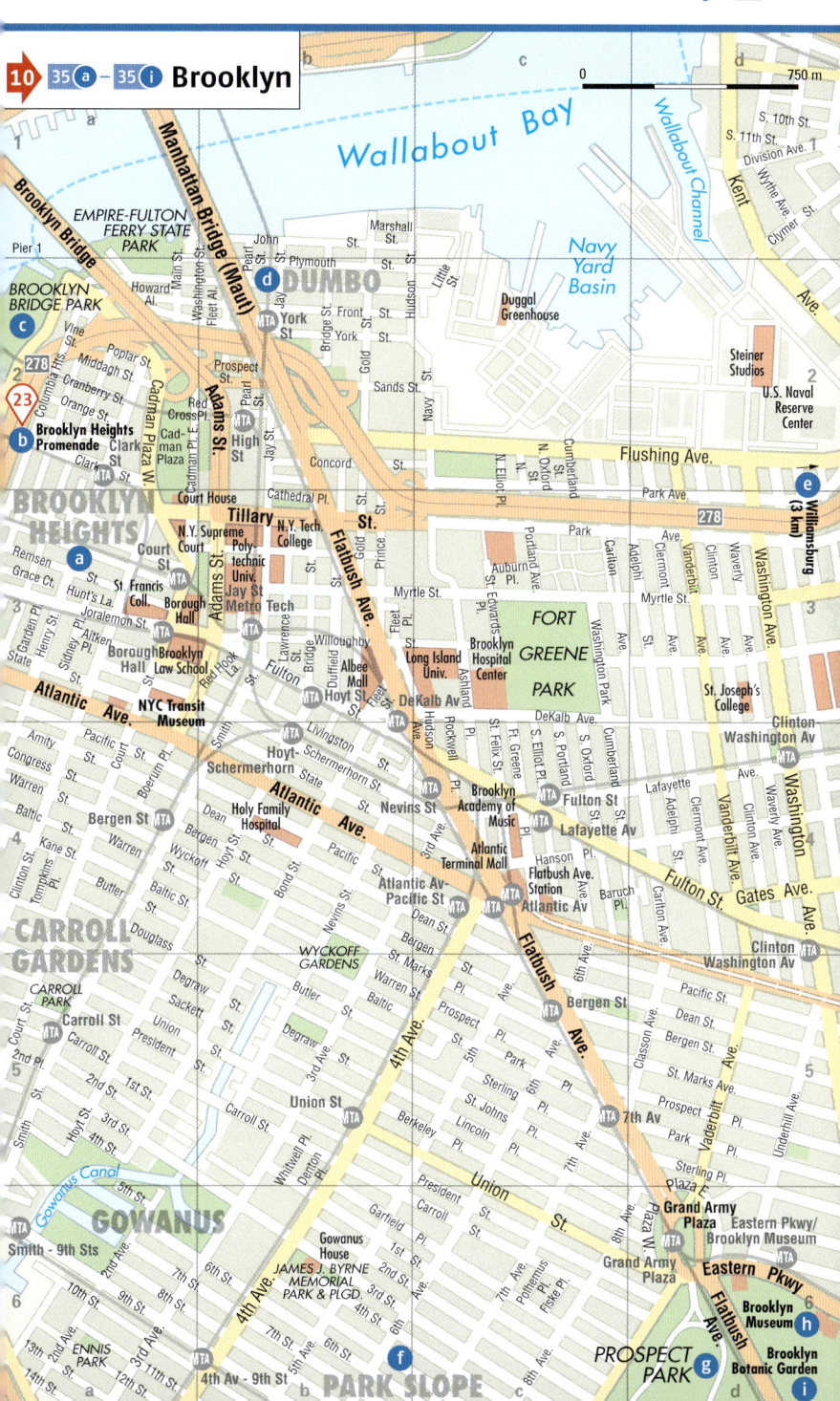

Park Slope
| Stadtteil |

Noble Stadthäuser, malerische Plätze unter hohen Platanen – Park Slope könnte die Kulisse für einen Woody-Allen-Film abgeben – das ideale Setting für eine romantische Komödie. Auf der 5th und der 7th Avenue findet man Kaffeehäuser und Buchläden, Boutiquen und Restaurants. Und überall Menschen mit Kinderwagen – Park Slope zieht eine junge, gutbetuchte Klientel an und gilt als eine der besten Wohnadressen New Yorks.

■ Zw. Prospect Park, Flatbush, 4th und Prospect Aves., Subway F, G 7th Ave.

 Prospect Park
| Park |

Frederick Law Olmsted, einer der beiden Landschaftsarchitekten des Central Parks, hat 1880 auch diesen Park geschaffen, und er gefiel ihm am Ende von all seinen Werken am besten. Die Einheimischen lieben den Prospect Park mit Liegewiesen und lauschigen Pfaden, mit Sommerkonzerten, Open-Air-Kino und der winterlichen Eislaufbahn. Favoriten der Kinder sind der Zoo sowie das Karussell aus dem Jahr 1912 nahe dem Willink-Eingang mit 53 hölzernen Pferden.

■ 450 Flatbush Ave., Subway 2, 3 Grand Army Plaza, F, G 7th Ave., www.prospectpark.org, Zoo tgl. 10–17 Uhr, 8 $, erm. 5 $, Carousel Do–So 12–17 Uhr, 2 $

 Brooklyn Museum
| Kunstmuseum |

New Yorks zweitgrößtes Kunstmuseum (nach dem Metropolitan Museum of Art), untergebracht in einem prächtigen Beaux-Arts-Bau, zeigt eine Topsammlung ägyptischer Kunst. Hits der amerikanischen Abteilung sind Werke von Georgia O'Keeffe, Winslow Homer, George Bellows und Milton Avery.

■ 200 Eastern Parkway/Washington Ave, Subway 2, 3 Eastern Parkway-Brooklyn Museum, www.brooklynmuseum.org, Mi, Fr, Sa, So 11–18, Do 11 bis 22 Uhr, 16 $, erm. 10 $

 Brooklyn Botanic Garden
| Botanischer Garten |

Highlights sind der Japanische Garten mit Teich, der 100 Jahre alte Rosengarten und der Shakespeare Garden, in dem alles wächst, was in Shakespeares Dramen und Sonetten vorkommt.

■ 150 Eastern Parkway, Eingänge auch 455 Flatbush Ave., 990 Washington Ave., www.bbg.org, März-Okt. Di–Fr 8–18, Sa, So 10–18 Uhr, Winter Di–So 10–16.30 Uhr, 15 $, erm. 8 $, Gratisführungen wochentags um 13 Uhr ab Haupteingang

 Restaurants

€€–€€€ | **River Café** Die Lage unter der Brooklyn Bridge ist nicht zu toppen. Das Restaurant ist nobel und teuer, man kann aber auch nur einen Drink an der Bar nehmen. Ab 17 Uhr sind Krawatte und Jackett im Restaurant ein Muss. ■ 1 Water St., Tel. 718-522-5200, www.rivercafe.com, Mo–Fr 11–22, Sa, So 10–22 Uhr, Plan S. 111 a2

€€€ | **Peter Luger Steak House** Seit Jahrzehnten das beste Steakhouse der USA. Das Fleisch ist exquisit, die Zubereitung Familiengeheimnis. Laut Zagat, dem ultimativen Restaurant-Guide, »würde ein Stier sein Leben dafür geben, hier serviert zu werden«. Lange im Voraus reservieren. ■ 178 Broadway, Williamsburg, Tel. 718-387-7400, www.peterluger.com, Mo–Do 11.45–21.45, Fr, Sa 11.45–22.45, So 12.45–21.45 Uhr, keine Kreditkarten

Die noblen Brownstone-Häuser von Park Slope sind eine gefragte Wohnadresse

 Einkaufen

Artists and Fleas Jedes Wochenende bieten Künstler und Kunsthandwerker auf diesem Markt ihre Produkte an, von selbstgemachtem Schmuck aus Dosenlaschen bis zu Uhren aus Buchdeckeln – hier gibt es nur Unikate. ■ 70 N. 7th St., Williamsburg, www.artists andfleas.com, Sa, So 10–19 Uhr

 Kinder

Brooklyn Superhero Supply Ein verrückter Laden mit Hintersinn: Superhelden, die für das Gute kämpfen, finden hier Unterstützung, können sich eine neue Identität zulegen oder ihre Ausrüstung vervollständigen. Der Laden für die analoge Verbrechensbekämpfung hat eine Geheimtüre. Sie führt zu den Arbeitsräumen, in denen Schüler gratis Unterstützung bekommen. ■372 5th Ave. (zw. 5th und 6th Sts.), Williams-burg, Tel. 718-499-9884, www.superhero supplies.com, Plan S. 111 b6

Brooklyn Children's Museum Das erste Kindermuseum der Welt aus dem Jahr 1899 bietet kleinen Besuchern von 6 Monaten bis 10 Jahren auf drei Stockwerken interaktiven Lernspaß. Besonders beliebt: Die Ladenstraße mit afrikanischem Markt, italienischer Pizzeria und Grocery Store. ■ 145 Brooklyn Ave., www.brooklynkids. org, Di–So 10–17 Uhr, Plan S. 111 östl. d6

 Events

Smorgasburg An zahllosen Ständen zaubern engagierte Köche Fingerfood und multiethnische Spezialitäten. Es wird gegessen, getrunken und der Ausblick auf die Skyline genossen – ein Fest, das bei jedem Wetter stattfindet. ■ East River State Park (90 Kent Ave./Ecke N. 7th St.), Williamsburg, April–Nov. Sa 11–18 Uhr, www.smorgasburg.com

✴ Erlebnisse

Mast Brothers Die Brüder Mast, die mit ihren Vollbärten aussehen als seien sie einer Amish-Gemeinde entlaufen, gründeten 2007 ihre erfolgreiche Schokoladenmanufaktur. Bei einer Führung erlebt man die Entstehung »from bean to bar«, von der Kakaobohne bis zur Schokotafel. ■ 111 N. 3rd St., Williamsburg, Tel. 718-388-2644, www. mastbrothers.com, tgl. 9–20 Uhr, Führungen Mo–Fr 16, Sa, So 12 und 15 Uhr, 10 $

36 Coney Island

Die Halbinsel mit Sandstrand und Kirmes ist ein Sommerparadies

■ Subway B Brighton Beach, F, Q, N, Y Aquarium, D, F, N, Q Coney Island Stillwell Ave.

An Sommertagen lässt sich im Gewimmel auf der 2,5 Meilen langen hölzernen Promenade das unbeschwerte Ferienglück fast mit Händen greifen.

Für Generationen von New Yorkern war Coney Island ein Synonym für Hotdogs und Icecream am Strand, für rasante Achterbahnfahrten und nächtliches Feuerwerk. Im 19. Jh. wurde Coney Island als Vergnügungsviertel für Besucher aus Manhattan gebaut, später verfiel die Gegend und wurde durch Hurrikan Sandy 2012 zusätzlich verwüstet. Inzwischen gibt es wieder 50 Fahrgeschäfte und nur noch wenige Schmuddelecken. Hinter Brighton Beach liegt Little Odessa, das Viertel der osteuropäischen Einwanderer.

◉ Sehenswert

The Cyclone
| Historische Achterbahn |
Die hölzerne Achterbahn bringt ihre Passagiere seit 1927 zum Kreischen. Längst gibt es neuere und schnellere Rollercoaster, aber keiner knarrt und rattert wie dieses historische Unikat, das als Wahrzeichen von Coney Island unter Denkmalschutz steht und bis 2015 umfassend saniert wurde. Auch

Möwengeschrei und Kirmesfreuden gehören zum Sommer auf Coney Island

Charles Lindbergh fuhr damit und soll die Fahrt aufregender gefunden haben als seinen Alleinflug über den Atlantik.

 Luna Park, 834 Surf Ave., www.luna parknyc.com, März–Mai, Sept., Okt. nur Sa, So, April–Aug. tgl., 10 $

New York Aquarium
| Aquarium |

Das älteste Aquarium der USA liegt direkt am Atlantik und zeigt auf einem großen Gelände mit 4-D-Kino und Aquatheater mehr als 300 Spezies, darunter Piranhas, Seeotter und Walrosse sowie etliche Hai-Arten in der neuen Abteilung Ocean Wonders: Sharks.

 502 Surf Ave., www.nyaquarium. com, Juni–Sept. tgl. 10–18, Okt.–Mai tgl. 10–16.30 Uhr, 11,95 $

Restaurants

€€ | **Nathan's Famous** Die polnischen Einwanderer Nathan und Ida Handwerker verkauften 1916 auf Coney Island das erste Würstchen nach ihrem Geheimrezept – und begründeten eine amerikanische Tradition. Zu den Klassikern Original Beef Hot Dog, Cheese Dog, Chili Dog und Coney Dog gehören die wellig geschnittenen Fritten, wahlweise mit Bacon und Cheese-Sauce. 1310 Surf/Stillwell Ave., Tel. 718-333-2202, www.nathansfamous. com, tgl. 9–24 Uhr

37 Queens

New Yorks multikulturellster Stadtteil lockt mit ethnischer Vielfalt

 Nach Astoria nimmt man die Subway-Linien N oder Q, nach Long Island City E, M, G oder 7, nach Jackson Heights die Linien E, F, M, R oder 7.

Auf 290 km² leben 2,2 Mio. Menschen aus 150 Nationen, nirgendwo sonst auf dem Globus sind so viele Kulturen so eng vereint. Fast sechsmal so groß wie Manhattan, belegt Queens ein Drittel der Gesamtfläche von New York und wurde 1898 aus mehreren Ortschaften wie Newtown, Long Island City, Flushing und Jamaica zusammengefügt. Der Flickenteppich unterschiedlichster Kulturen – von Albanern bis zu Zyprioten, von Letten bis Turkmenen – sorgt für die denkbar größte kulinarische Vielfalt.

Sehenswert

Astoria
| Stadtteil |

Mehr als 60 Jahre lang war Astoria das Viertel der griechischen Einwanderer, heute leben hier auch Araber, Asiaten, Iren und Immigranten aus Lateinamerika. Herz der griechischen Community ist der Broadway zwischen 31st und Steinway Streets. Beliebt ist der Astoria Park direkt am East River unter der Robert F. Kennedy Bridge mit Freibad und Blick über den Fluss.

Museum of the Moving Image
| Filmmuseum |

 Filmfreaks und Muppet-Fans werden vieles wiedererkennen

Wer den Hut von J.R. Ewing aus der Serie »Dallas« sehen will oder die Mundprothese, die Marlon Brando als Godfather im Film »Der Pate« die markanten Wangen bescherte, der ist in diesem Filmmuseum richtig. Jüngste Sensation ist die permanente Ausstellung über die Muppets und ihren Erfinder, »The Jim Henson Exhibition« mit 300 Objekten, darunter 47 Originalpuppen. Im Kinosaal sind historische Blockbuster und Retrospektiven zu sehen.

■ 36-01 35th Ave./37th St., Subway M, R Steinway St., www.movingimage.us, Mi, Do 10.30–17, Fr 10.30–20, Sa, So 11.30 bis 18 Uhr, 15 $, erm. 11/7 $, Fr ab 16 Uhr Eintritt frei

Socrates Sculpture Park
| Park |

Zeitgenössische Skulpturen und Installationen auf einer grün sanierten ehemaligen Müllkippe vor der Skyline von Manhattan. Auch das Billboard am Haupteingang ist ein Kunstwerk, das jährlich neu gestaltet wird.

■ 32-01 Vernon Blvd., www.socrates sculpturepark.org, tgl. 9 Uhr bis Sonnenuntergang, Eintritt frei

Long Island City
| Stadtteil |

Long Island City in Queens (nicht zu verwechseln mit Long Island!) ist nur einen Subway-Stopp von Manhattan entfernt und gilt als aufstrebendes Künstlerviertel. Noch wird der Bezirk als Geheimtipp gehandelt. Wegen der Nähe zu Manhattan und dem Blick auf die Skyline wachsen am East River Apartmentkomplexe in die Höhe. Die Aussicht kann man auch im Gantry Plaza State Park genießen.

MoMA PS1
| Kunstmuseum |

In einer ehemaligen Schule mit über 100 Räumen stellt das Museum of Modern Art zeitgenössische und experimentelle Kunst aus. Einem Schulzimmer nachempfunden ist auch das Museumscafé.

■ 22–25 Jackson Ave., www.momaps1. org, Do–Mo 12–18 Uhr, im MoMA-Ticket eingeschlossen, 14 Tage gültig, sonst empfohlene Spende 10 $, erm. 5 $

Louis Armstrong House Museum
| Museum |

Die letzten 28 Jahre seines Lebens lebte der Jazzmusiker mit seiner Frau Lucille in diesem dreistöckigen Klinkerhaus im Stadtteil Corona. Bei der

ADAC *Mobil*

Kulinarische Weltreise mit der Subway: Linie 7 startet am Times Square, wird jenseits des East River zur Hochbahn und fährt mit tollem Blick auf Manhattan weiter bis zur Endstation Flushing. 18 ihrer Stopps liegen in Queens, dem Stadtteil mit der größten ethnischen Vielfalt – auch in den Kochtöpfen und Pfannen. Hits entlang der Strecke: beste Thaiküche rund um die Station Woodside/61st Street, indische Spezialitäten in Little India (Station 74th Street/Broadway), Pasta in Little Italy (Station 103rd Street/Corona) und authentische China-Restaurants an der Endstation.

40-minütigen Führung durch die dekorierten Wohnräume und in Louis' höhlenartige Zimmer kommt man Satchmos Spirit nahe.

■ 34-56 107th St./37th Ave., Subway 7 103rd St.-Corona Plaza www.louis armstronghouse.org, Di–Fr 10–17, Sa, So 12–17 Uhr, Touren stündl., 10 $

Queens Museum
| Museum |

Berühmtestes Exponat des Museums im Flushing Meadows-Corona Park ist das New York Panorama, ein Modell der Stadt mit 900 000 winzig kleinen Gebäuden, das für die Weltausstellung 1964 entstand. Was es sonst noch zu sehen gibt: eine Tiffany-Glas-Ausstellung und zeitgenössische Kunst, angeschlossen sind ein Café und ein Buchladen. Unübersehbar vor der Türe die riesige Weltkugel »Unisphere«, das Symbol der Expo von 1964.

■ Flushing Meadows, Corona Park, Subway 7 111th St., www.queensmuseum. org, Mi–So 11–17 Uhr, empfohlener Eintritt 8 $, erm. 4 $

Rockaway Beach
| Strand |

Mit fast zehn Meilen einer der längsten Sandstrände der Ostküste und nach Hurrikan Sandy schöner saniert als zuvor, ein Paradies nicht nur für Surfer und Handballer. Man kann den hölzernen Boardwalk am Atlantik entlangbummeln, im Sommer trifft man sich abends mit Rangern am Lagerfeuer, Termine auf der Website. Im Rockaway Beach Surf Club gibt es leckere Tacos, Surfbretter kann man leihen.

■ 9th-149th Sts., www.nycgovparks.org, Subway A Broad Channel, dann Subway S Rockaway Park/Beach 116th St., oder mit Rockaway Beach Ferry ab Pier 11 in Man-

ADAC *Mittendrin*

Touristen verirren sich bislang nur selten hierher, aber die Einheimischen stehen bei jedem Wetter vor dem Alu-Tresen des **Lemon Ice King of Corona** Schlange – eine Queens-Institution seit mehr als 60 Jahren. Das Sorbet ist eiskalt und fruchtig, kommt im handlichen Pappbecher und in drei Dutzend Sorten in allen Regenbogenfarben daher. Gegenüber im kleinen Park warten Bänke.
52-02 108th St./52nd Avenue, www.thelemonickingofcorona. com, tgl. 11–24 Uhr

hattan, www.newyorkbeachferry.com, Mai–Sept. Sa, So 11 Uhr ab Pier 1, zurück ab Riis Landing 17.30 Uhr, Hin- und Rückfahrt 30 $

 Restaurants

€–€€ | **Stamatis** Familienbetrieb in Astoria mit griechischen Spezialitäten wie Papoutsakia (gefüllte Auberginen) und Lammfrikassee. ■ 29-09 23rd Ave., www.stamatisastoria.com, Tel. 718-721-4507, tgl. 11–24 Uhr

38 Bronx

Die Bronx kämpft gegen ihren schlechten Ruf und überrascht mit Geheimtipps

■ Die Subways 1, 2, 4, 5, 6, B und D fahren in die Bronx, aber in sehr unterschiedliche Stadtteile; für viele Ziele, die dazwischen oder außerhalb liegen, muss man in den Bus umsteigen. Mit Subway 2 und 5 gelangt man zum Bronx Zoo und zur Arthur Avenue.

Viktorianischer Glaspalast: das Gewächshaus im New York Botanical Garden

 Sehenswert

Arthur Avenue

| Flaniermeile |

Sie ist das Little Italy der Bronx, aber anders als in Manhattan keine Touristenfalle, sondern eine lebendige Community mit Märkten, Bäckereien und Pastaläden. Wer keine Verwandten hier hat, kommt wegen des Essens. Inzwischen leben hier auch Latinos und Albaner, aber die italienische Küche ist allgegenwärtig, frisch und köstlich.

■ Arthur Ave. zw. Crescent Ave., 184th und 188th Sts. sowie 187th St. zw. Lorillard Place und Hughes Ave., Subway 4, B, D Fordham Rd., dann Bus Bx12 nach Osten, Subway 2, 5 Pelham Parkway, dann Bus Bx12 nach Westen, www.arthuravenue bronx.com

The Bronx Zoo

| Zoo |

Der größte städtische Zoo der USA beherbergt über 4000 Tiere und mehr als 650 Arten. Spektakulär: der Congo Gorilla Forest, ein afrikanischer Regenwald mit zwei Gorilla-Clans und etlichen Okapis, und der Tiger Mountain, wo man Sibirische Tiger aus nächster Nähe erlebt. Die 62 Mio. Dollar teure Ausstellung »Madagascar« zeigt u. a. Lemuren und Riesenkakerlaken. Bei der Minisafari mit der Wild Asia Monorail (Mai–Okt.) sieht man Elefanten, Tiger, Wildpferde, Antilopen und Nashörner. Neu sind der Nature Trek, ein Kletterspaß mit Tunneln und schwankenden Brücken, sowie der Klettergarten Bronx Zoo Treetop Adventure.

■ 2300 Southern Blvd. (nahe 187th St.), Subway 2 Pelham Parkway, mit dem Aufzug hinunter auf die Straße, dort Richtung Westen zum Bronx Zoo River Entrance (Gate B), Express-Bus BxM11 hält mehrfach entlang der Madison Ave. zw. 26th und 99th Sts. und fährt dann direkt zum Haupteingang des Zoos, www. bronxzoo.com, www.bronxzootreetop. com, tgl. 10–17 Uhr, Total Experience Ticket für alle Bereiche 37 $, erm. 32/27 $

The New York Botanical Garden

| Botanischer Garten |

Der größte Botanische Garten der Welt, angelegt 1891 nach Plänen von Calvert Vaux. Allein der Peggy Rockefeller Rose Garden mit 4000 Rosen und über 60 Arten lohnt die Anfahrt, ebenso das Enid A. Haupt Conservatory, ein Gewächshaus von 1902, die Orchideenausstellung und der Felsengarten.

■ 2900 Southern Blvd., www.nybg.org, Di–So 10–18 Uhr, All Garden Pass werktags 23 $, erm. 20/10 $, am Wochenende 28/25/12 $

City Island

| **Insel** |

(25) *Ein Idyll in der Bronx, das kaum einer kennt*

Die Insel City Island mit 4000 Einwohnern und doppelt so vielen Möwen liegt im Long Island Sound, ist 2 km lang und einen halben Kilometer breit. Es gibt eine Hauptstraße – die City Island Avenue – ein Nautical Museum, einen Yacht Club und viele Fischrestaurants. Auf einer Picknickbank am Meer dem Geschrei der Möwen lauschen und dazu Clam Chowder löffeln – ein Neuenglandidyll in der Bronx.

■ Subway 6 bis Pelham Bay Park, dann Bus Bx29 über die Brücke nach City Island

39 Staten Island

New Yorks südlichster Borough wird gerade kräftig aufgemöbelt

■ Anfahrt von Manhattan mit der Staten Island Ferry (S. 28) rund um die Uhr

Hier sind die Mieten noch bezahlbar, denn dieser Stadtteil liegt am weitesten von Manhattan entfernt und ist nur mit der Fähre zu erreichen. Um Besucher anzulocken, entsteht derzeit 600 m vom Fährterminal St. George entfernt »The New York Wheel«, das drittgrößte Riesenrad der Welt, zusammen mit Shops, Hotels und einer neuen Promenade.

Sehenswert

Snug Harbor Cultural Center

| **Kulturzentrum** |

Es begann 1801 als Charity-Projekt für mittellose Seeleute und ist heute ein 33 ha großes Gelände mit historischen Villen, Gärten und Ausstellungen.

■ 1000 Richmond Tce., Bus S40/S90 vom Ferry Terminal, www.snug-harbor.org, Gelände und Botanischer Garten tgl. Sonnenaufgang bis Sonnenuntergang, Eintritt frei, Chinese Scholar's Garden und Ausstellungen Di–So 10–16 Uhr, 8 $

Alice Austen House

| **Fotografiemuseum** |

Alice Austen (1866–1952) war die erste berühmte US-amerikanische Fotografin, sie verließ das Studio und gilt als Mitbegründerin der dokumentarischen Fotografie. Viele der noch existierenden 3500 Bilder sind in der New York Public Library und in ihrem Haus zu sehen. Schöner Garten mit Aussicht übers Wasser.

■ 2 Hylan Blvd./Edgewater St., etwa 3 km südlich der Ferry-Station, www.aliceausten.org, März–Dez. Di–So 11–17 Uhr, empfohlene Spende 3 $

Jacques Marchais Museum of Tibetan Art

| **Kunstmuseum** |

Nachbau eines tibetischen Klosters mit einer der größten Sammlungen von Skulpturen und Kunst außerhalb von Tibet. Schöner Garten mit Teichen, Tai-Chi-Kurse und Meditation, Termine s. Website.

■ 338 Lighthouse Ave., Bus S74, www.tibetanmuseum.org, April–Dez. Mi–So 13–17 Uhr, sonst Fr–So, 6 $, erm. 4 $

Restaurants

€–€€ | **Beso** Fünf Fußminuten vom Fähranleger bietet dieses kleine spanische Restaurant beste Tapas, Paella, Fisch und Fleischgerichte, 3-Gang-Menü zum Festpreis (25 $). ■ 11 Schuyler St., Tel. 718-816-8162, www.besonyc.com, Mo–Sa 11.30–23, So 10–22 Uhr

Am Abend

Nach Harlem pilgern Jazzfans, Brooklyns Viertel Williamsburg ist die erste Adresse für Partywütige. Queens und Staten Island schieben beim Nachtleben eher eine ruhige Kugel – und die Bronx erlebt man ohnehin entspannter bei Tageslicht.

 ### Bühne

Minton's Playhouse Der Jazzclub wurde 1938 gegründet und war bis in die 1950er-Jahre führend in der Szene. Zwei Shows täglich, reservieren! ■ 206 W. 118th St., Tel. 212-243-2222, www.mintonsharlem.com, tgl. 18–23 Uhr, 10 $ Musikaufschlag zum Essen

Kings Theatre Als es 1928 eröffnet wurde, waren die baulichen Vorbilder der Palast von Versailles und die Pariser Oper. Für 95 Mio. Dollar aufwändig renoviert, zeigt das Theater nun in spektakulärem Ambiente Shows, Musicals, Rock- und Popkonzerte. ■ 1027 Flatbush Ave., Brooklyn, Tel. 800-745-3000, www.kingstheatre.com

Übernachten

In allen Stadtteilen gibt es originelle und attraktive Hotels, wichtigstes Kriterium für die Auswahl ist eine möglichst schnelle Anbindung an Manhattan.

€
Victorian B & B Ruhig gelegene Villa, 15 Taximinuten vom Terminal der Staten Island Ferry entfernt; opulentes Frühstück. ■ 92 Taylor St., Port Richmond, Staten Island, Tel. 718-273-9861, www.victorianbedandbreakfast.net

€–€€
Opera House Hotel Elegante Zimmer in einem ehemaligen Theater unweit der Subway-Station 3rd Avenue ■ 436 E. 149th St., Bronx, Tel. 718-407-2800, www.operahousehotel.com

€€
Paper Factory Hotel 122 stylische Zimmer und Suiten in einer ehemaligen Papierfabrik. ■ 37-06 36th St., Long Island City, Queens, Tel. 718-392-7200, www.paperfactoryhotel.com

€€–€€€
Aloft Harlem 124 moderne Zimmer 3 Fußminuten vom Apollo Theater, ein Subway-Stopp vom Columbus Circle. ■ 2296 Frederick Douglass Blvd. (zw. 123th und 124th Streets), Tel. 212-749-4000, www.aloftharlem.com

Wythe Hotel Die ehemalige Zuckerfabrik von 1901 ist heute ein Hotel mit Industriecharme in den 72 Zimmern und Lofts mit bodentiefen Fenstern und Fußbodenheizung unter dem Beton. Genial: die Rooftop-Bar und das hauseigene Restaurant Reynard. ■ 80 Wythe Ave./N. 11th St., Brooklyn, Tel. 718-460-8000, www.wythehotel.com

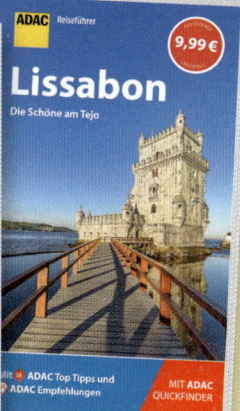

Beim **ADAC Infoservice**, in den **ADAC Geschäftsstellen** sowie auf dem **Internetportal des ADAC** (www.adac.de) erhalten Sie Informationen zu den Dienstleistungen des Automobilclubs und zu Ihrem Reiseziel. Als **ADAC Mitglied** können Sie zudem die kostenlosen **ADAC TourSets® New York** und **Mobil in New York** mit vielen Reiseinfos und Karten anfordern oder die **TourSet App** auf dem **Smartphone** oder **Tablet-PC** installieren (www.adac.de/toursetapp). Das **ADAC TourSet® audio** bietet Hintergrundinfos zum Hören (MP3-Download unter www.adac.de/tourset-audio).

Rufen Sie bei Notfällen und Pannen den **ADAC Notruf** bzw. den **ADAC Auslandsnotruf** an. Unser Team steht Ihnen rund um die Uhr zur Verfügung.

ADAC Infoservice

Tel. 0 800/510 11 12
Infos zu allen ADAC Leistungen
(Mo–Sa 8–20 Uhr, gebührenfrei)

ADAC Notruf Deutschland

Tel. 0 180/222 22 22
(24 Std., ca. 6 ct/Anruf, max. 42 ct/Min.
aus deutschem Mobilfunknetz)

ADAC Notruf Mobil-Kurzwahl

Tel. 22 22 22
(Gebühren variieren je nach
Netzbetreiber)

ADAC Auslandsnotruf

Tel. +49/89/22 22 22
(Gebühren variieren je nach
Netzbetreiber und Land)

Internet-Serviceangebote des ADAC für Ihre Reiseplanung

Service	Webadresse
Aktuelle Verkehrslage	www.adac.de/verkehr
ADAC Routenplaner	www.adac.de/maps
Infos zu Tankstellen und Spritpreisen	www.adac.de/tanken
Infos zu mautpflichtigen Strecken	www.adac.de/maut
Infos zu Fährverbindungen	www.adac.de/faehren
ADAC TourMail (Aktuelle Infos vor Anreise)	www.adac.de/tourmail
Informationen für Motorradfahrer	www.adac.de/motorrad
ADAC Reiseangebote	www.adacreisen.de
ADAC Autovermietung	www.adac.de/autovermietung
ADAC Versicherungen für den Urlaub	www.adac.de/versicherungen
Weltweite Preisvorteile für ADAC Mitglieder	www.adac.de/vorteile-International

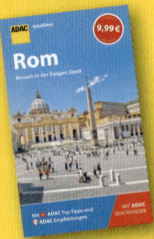

Diese **Produkte des ADAC** könnten Sie interessieren: **ADAC Reiseführer London**, **ADAC Reiseführer Paris** und **ADAC Reiseführer Rom** – erhältlich im Buchhandel, bei den ADAC Geschäftsstellen und in unserem ADAC Online-Shop (www.adac.de/shop).

Anreise und Einreise

Einreise und Dokumente

Besucher aus Deutschland, Österreich und der Schweiz können ohne Visum einreisen, wenn sie nicht länger als 90 Tage bleiben, der Pass muss noch mindestens 6 Monate gültig sein. Spätestens 72 Std. vor Reiseantritt muss man online unter www.esta.cbp.dhs. gov eine **ESTA-Genehmigung** (Electronic System for Travel Authorization) beantragen. Sie gilt für zwei Jahre oder bis zum Ablauf des Passes, die 14 $ Gebühr zahlt man online mit Kreditkarte, Details unter www.us-botschaft. de. Alle visafrei Einreisenden müssen im Besitz eines gültigen **Rückflugtickets** und eines **maschinenlesbaren Passes** sein, auch Kinder benötigen ein eigenes Reisedokument.

Achtung: Wer nach dem 1. März 2011 nach Irak, Iran, Sudan oder Syrien gereist ist, muss ein **B-Visum** (Besuchervisum) beantragen: Geschäftsreisende benötigen ein B-1-, Touristen ein B-2-Visum. Jeder Antragsteller zwischen 14 und 79 Jahren muss dafür ein persönliches Interview in einem der zuständigen US-Konsulate absolvieren.

Bei der Einreise nimmt der Immigration Officer elektronische Fingerabdrücke und macht ein digitales Foto. Eventuell fragt er auch nach Ziel, Zweck und Dauer der Reise. Manchmal wird das Reisegepäck von der Security kontrolliert, man sollte es daher nicht verschließen oder ein **TSA-Schloss** verwenden, das von der Behörde geöffnet werden kann.

Anreise per Flugzeug

New York City wird mehrfach täglich von Frankfurt/Main, Berlin, Düsseldorf, München, Hamburg, Zürich und Wien nonstop angeflogen, daneben gibt es zahlreiche Umsteigeverbindungen über europäische Großstädte. Ein Direktflug dauert etwa 8,5 Std.; durch den Zeitunterschied (minus 6 Std.) landet man Ortszeit in New York etwa 2 Std. nach dem Start.

Flughäfen und Transfer

New York City hat drei Flughäfen: **John F. Kennedy (JFK)** ist hauptsächlich für den internationalen Flugverkehr zuständig. **Newark Liberty (EWR)** ist der älteste Flughafen im Großraum New York und Drehkreuz für United Airlines. **LaGuardia (LGA)** wird bis voraussichtlich 2020 saniert und bedient den inneramerikanischen Flugverkehr sowie die Flüge nach Kanada. Infos zu allen drei Flughäfen unter www.panynj.gov.

Der **John F. Kennedy International Airport** (Tel. 1-718-244-4444, www.kennedyairport.com) liegt 15 Meilen östlich von Manhattan in Queens. Der **AirTrain** verbindet Terminals, Mietwagenfirmen, Hotels und Parkhäuser im Flughafenbereich und stellt den Anschluss zur Long Island Railroad (LIRR), zu den Subway-Stationen Jamaica (Linien E, J/Z) und Howard Beach (Linie A) und zu verschiedenen Buslinien von NYC Transit und Green Bus her (www.panynj.gov/airtrain). Mit der **Subway-Linie A** ab Howard Beach Station gelangt man dann in 45 Min. nach Manhattan (Air Train 5 $, Subway 3 $).

Private Shuttlebusse etwa von **Go Airlink** (www.goairlink.com) oder **Super Shuttle** (www.supershuttle.com) sind etwas teurer (17–25 $), bringen Fahrgäste aber direkt zu den gewünschten Hotels. Die Fahrt dauert je nach Zahl der Fahrgäste und gewünschten Stopps mind. 60 Min.

Vor dem Flughafenterminal warten die berühmten Yellow Cabs

Vor den Terminals warten **Taxis**. Die Fahrt von JFK nach Manhattan dauert 50–60 Min. und kostet einheitlich 52,50 $ plus 8–10 $ Mautgebühr für Brücken bzw. Tunnels plus 20 % Trinkgeld für den Fahrer. In allen Taxis kann man mit Kreditkarte bezahlen.

Newark Liberty International Airport (Tel. 1-973-961-6000, www.newarkairport.com) liegt 18 Meilen westlich von Manhattan in New Jersey. Den billigsten Transfer in die City bietet die **Buslinie 62** (NJ Transit Bus) ab Terminal C mit der Fahrt zur Newark Penn Station. Die Fahrt kostet 1,75 $ und dauert 20 Min. Der Bus fährt im Halbstundentakt. Von der Newark Penn Station nimmt man den **Path Train** (3 $) und ist

ca. 25 Min. später in Manhattan. Oder man fährt mit dem **Air-Train** (13,50 $) bis zur Newark Liberty International Train Station, dann mit dem **NJ-Transit-Zug** zur Penn Station in Manhattan. Beides empfiehlt sich aber nur mit wenig Gepäck. Weniger umständlich weil ohne Umsteigen ist der **Newark Liberty Airport Express** mit den Haltestellen Port Authority Bus Terminal (42nd Street), Fifth Avenue/Bryant Park und Grand Central Terminal. Die einfache Fahrt kostet 16 $. Ansonsten stehen ebenfalls Shuttlebusse zur Verfügung. Weil der Airport außerhalb des Bundesstaates New York liegt, gelten für **Taxis** spezielle Preisregeln. Zum Fahrpreis (60–75 $ Fahrtkosten plus Brückenzoll plus 20 % Trinkgeld) kommt ein Aufschlag von 17,50 $ Richtung Manhattan hinzu. Damit illegale Taxis keine Chance haben, stehen am Taxistand offizielle dispatcher, denen man die Adresse zuruft und die einem das Taxi zuteilen. Fahrtdauer 30–50 Min., in den Tunnels staut sich der Verkehr.

LaGuardia Airport (Tel. 1-718-533-3400, www.laguardiaairport.com) liegt neun Meilen von Manhattan entfernt in Flushing im Stadtteil Queens, ist der kleinste der drei Flughäfen und das Drehkreuz für Inlandsflüge. Die **Taxifahrt** nach Manhattan kostet 30–50 $ plus Brückenzoll und 20 % Trinkgeld und dauert 20–45 Min.

 Auto und Straßenverkehr

Auf ein Auto kann man in New York getrost verzichten. Die Stadt hat das größte und schnellste öffentliche Nahverkehrssystem der USA, dazu 12 000 Taxis und 10 000 Mieträder. Der Verkehr hingegen ist chaotisch, Parkplätze sind rar und teuer – für 30 Min. zahlt man schnell 20 $. Wer dennoch selbst fahren möchte, findet Tipps zum Parken unter www.nyc.bestparking.com.

 Barrierefreies Reisen

New York ist für Reisende mit Handicap ein ideales Ziel, alle Museen, Parks und Theater sowie Broadway-Bühnen und Fähren sind barrierefrei für Rollstuhlfahrer zugänglich. Busse fahren eine Hebebühne aus. Anders sieht es in der Subway aus, die lange vor dem Americans with Disabilities Act (ADA) gebaut wurde. Die MTA-Website zeigt, welche Stationen Aufzüge haben, auf der Subway-Karte sind sie mit einem Rollstuhl-Icon markiert.

■ http://web.mta.info/accessibility/stations.htm

 Diplomatische Vertretungen

Generalkonsulat der Bundesrepublik Deutschland
■ 871 United Nations Plaza (1st Ave. zw. 48th und 49th Sts.), New York, NY 10017, Tel. 212-610-9700 (Mo–Fr 8.30–16 Uhr), Tel. für Notfälle 202-298-4000, www.germany.info

Österreichisches Generalkonsulat
■ 31 E. 69th St. (zw. Park und Madison Aves.), New York, NY 10021, Tel. 212-737-6400 (Mo–Fr 9–17 Uhr), Tel. für Notfälle 917-612-9792, www.bmeia.gv.at/botschaft/gk-new-york.html

Schweizerisches Generalkonsulat
■ 633 3rd Ave., 30th Floor, New York, NY 10017-6706, Tel. 212-599-5700 (Mo–Fr 8.30–17 Uhr), Tel. für Notfälle (Schweiz) 0041 800 24 73 65, www.eda.admin.ch/newyork

 Feiertage

New Year's Day (1. Jan.), Martin Luther King Day (3. Mo im Jan.), President's Day (3. Mo im Feb.), Memorial Day (letzter Mo im Mai), Independence Day (4. Juli), Labor Day (1. Mo im Sept.), Columbus Day (2. Mo im Okt.), Veterans Day (11. Nov.), Thanksgiving (4. Do im Nov.), Christmas Day (25. Dez.)

 Fundbüros

Städtische Fundbüros:
Manhattan: Tel. 212-826-3211
Central Park: Tel. 212-570-4821
Brooklyn: Tel. 718-834-3211
Queens: Tel. 718-969-5100
Bronx: Tel. 718-542-0888
Staten Island: Tel. 718-876-8500
Für Subway und Busse:
http://lostfound.mtanyct.info/lostfound
Für die Staten Island Ferry:
Im Warteraum des George Terminal auf Staten Island, neben dem NYPD Büro, www.siferry.com

 Geld und Währung

Offizielle Währung ist der **Dollar** ($, auch buck genannt), er ist wie der Euro in 100 Cent unterteilt. Münzen sind in Form von 1, 5 (nickel), 10 (dime), 25 (quarter) und 50 Cent im Umlauf. Scheine gibt es im Wert von 1, 5, 10, 20, 50 und 100 $, alle sind gleich groß und haben die gleiche grüne Farbe. Banknoten im Wert von 50 und 100 $ werden nur ungern angenommen.

Mit **Bargeld** (cash) wird nur in Ausnahmefällen und bei Beträgen unter 20 $ bezahlt. Man benötigt es fürs Trinkgeld, deshalb besser schon zu Hause Dollars in kleiner Stückelung bestellen.

Festivals und Events

Januar / Februar

Chinese New Year (www.explore chinatown.com). Fest in Chinatown mit Feuerwerk und Paraden.

März

St. Patrick's Day Parade (17. März). Mit einer Parade auf der Fifth Avenue feiern die irisch-stämmigen Amerikaner ihren Nationalheiligen.

April

Easter Parade Umzug auf der Fifth Avenue, bei dem die New Yorker ihre verrücktesten Hüte vorführen.
Tribeca Film Festival (Ende April, www.tribecafilm.com/festival). Von Robert de Niro ins Leben gerufenes, renommiertes Filmfestival.

Drachenparade beim chinesischen Neujahrsfest in Chinatown

Mai

Fleet Week (letzte Maiwoche). Schiffe der Marine und der Küstenwache legen an den Piers an.

Juni

Gay Pride Weekend (letztes Juniwochenende, www.nycitypride. org). Die LGBTQ-Community feiert mit einer wilden Parade.

Juli

Macy's 4th of July Fireworks (www.macys.com/fireworks). Großes Feuerwerk zum Unabhängigkeitstag auf dem East River.

Juli/August

Harlem Week (Ende Juli–Ende Aug., www.harlemweek.com). Das Festival gibt Einblicke in die Geschichte, Kultur und Kulinarik des Stadtteils.

September

Steuben Parade (3. Septemberwochenende, www.steubenparade. de). Großer Umzug der Deutsch-Amerikaner auf der Fifth Avenue.
Feast of San Gennaro (Mitte Sept., www.sangennaro.org). In Little Italy wird Neapels Stadtpatron gefeiert.

Oktober

Greenwich Village Halloween Parade (31. Okt., www.halloween-nyc.com). New Yorks Horror-Umzug geistert über die Sixth Avenue.

November

Macy's Thanksgiving Day Parade (4. Do im Nov.). Die berühmte Parade führt vom Central Park West bis zum Herald Square.

Dezember

New Year's Eve Vom frühen Nachmittag bis Mitternacht warten Tausende von Menschen am Times Square auf die Ball-Drop-Zeremonie, wenn 60 Sekunden vor dem Jahreswechsel ein leuchtender Ball von knapp 4 m Durchmesser an einer Stange herabgelassen wird.

Wer mit Geld- oder Kreditkarte Bargeld am Automaten (ATM) zieht, zahlt 1–3 % Gebühren. Ein Großteil des Zahlungsverkehrs wird per **Kreditkarte** abgewickelt. Sie wird auch bei Ticketbestellungen und beim Einchecken ins Hotel als Sicherheit für eventuell abzurechnende Extras verlangt. Im Krankheitsfall zahlt man damit Arzt- oder Krankenhausrechnungen. Am gängigsten sind MasterCard und Visa. American Express und Diners werden nicht überall akzeptiert.

Urlaubskasse in New York

Hotel pro Nacht inkl. Steuer	300 $ / 256 €
Frühstück	15 $ / 13 €
Pizza aus der Hand	3,50 $ / 3 €
Restaurant Dinner	60 $ / 51 €
Broadway-Ticket	120 $ / 102 €
Cocktail	15 $ / 13 €
Glas Bier (0,4 Liter)	5–8 $ / 4–7 €
Sandwich	7–10 $ / 6–8,50 €
Museumseintritt	25 $ / 21 €
Subway Einzelfahrt	3 $ / 2,60 €

Wenn man keine Verwandten oder Freunde hat, bei denen man unterkommt, kostet ein Tag etwa 350 $ und leicht auch mehr.

Gesundheit

Das amerikanische Gesundheitssystem ist hoch entwickelt, aber auch eines der teuersten der Welt, Krankenhäuser (hospitals) und Ärzte (physicians) behandeln nur gegen **Vorauskasse per Kreditkarte.** Gesetzliche Krankenkassen tragen die Kosten nicht, weswegen der Abschluss einer **privaten Reisekrankenversicherung**

ratsam ist. Die **Notaufnahme** im Krankenhaus (emergency room) ist rund um die Uhr besetzt. Die Adresse des nächsten Zahnarztes erfährt man telefonisch unter 1-800-DENTIST. Anders als bei uns sind **Apotheken** (pharmacies) besondere Abteilungen in den Drugstores und Supermärkten, dort erhält man rezeptpflichtige Medikamente (prescription). Was nicht rezeptpflichtig ist (Schmerztabletten etc.), gibt es frei zu kaufen.

Haustiere

Wer mit Hund einreisen will, muss einen **Impfpass** mitführen, der eine mindestens 30 Tage und maximal 12 Monate zurückliegende Impfung gegen Tollwut belegt. Für die Hauskatze reicht ein Beleg, dass das Tier nicht an Krankheiten leidet, die auf den Menschen übertragbar sind. In öffentlichen Einrichtungen, Restaurants und Hotels sind Haustiere nicht erwünscht, das gilt auch für Subway, Busse und Museen. Für Hunde besteht generell **Leinenpflicht.** Wenn im Hotel ein Hund erlaubt ist, muss man ihn mitnehmen, sobald man das Zimmer verlässt. Unter dog day care sind Adressen im Internet zu finden, die Hunde tagsüber kostenpflichtig in Pflege nehmen.

Information

Alle wichtigen Infos online: www.nyc go.com. Hier gibt es auch einen Stadtführer, Karten, einen Metroplan, einen Eventkalender u.a. zum Downloaden. Vor Ort sind die **Infostellen** der New-York-Werbung täglich geöffnet (Kernzeit 10–17 Uhr), bieten Infomaterial wie den »Official Visitor Guide« (240 Seiten), auch die Metrocard und die Pässe für die Attraktionen kann man hier kaufen:

Official NYC Information Centers:

■ **Times Square** 7th Ave. zw. 44th und 45th Sts.

■ **Macy's Herald Square** 151 W. 34th St., Mezzanine Level

■ **City Hall** Am Südende von City Hall Park, Broadway/Park Row

■ **South Street Seaport** c/o Hornblower Cruises, Pier 15

Generell gilt: Die Straßenkarte hat ausgedient, es gibt für alles eine **App.** Alle Attraktionen, vom Central Park bis zum Metropolitan Museum, haben eine eigene App, die hilft, das Beste aus dem Besuch zu machen. Für die Subway empfiehlt sich die App der MTA, die auch über Baustellen und stillgelegte Strecken informiert und die nächstgelegene Subway-Station zeigt.

Klima und beste Reisezeit

New York liegt auf der gleichen Höhe wie Neapel. Die Sommer sind tropisch heiß und feucht, die Winter eisig kalt. Im Juli und August kann es weit über 30°C warm werden, im Januar und Februar sinken die Temperaturen bis auf – 20° C. Mai, Juni sowie September und Oktober gelten als ideale Reisezeit. Im Winter gibt es oft wochenlang blauen Himmel und herrlich klare Luft. Der meiste Regen fällt statistisch im März. Zwischen Oktober und Mai eröffnen viele Museen neue Ausstellungen, der Broadway läuft auf Hochtouren ebenso wie Lincoln Center und Metropolitan Opera. Teuerste Saisonzeit mit den meisten Touristen ist der Dezember. Im November, Januar und Februar sind die Übernachtungspreise am günstigsten.

Klimatabelle New York

Monat	Luft (ºC) (min./ max.)	Sonne (h/Tag)	Regentage
Jan.	-6/2	5	11
Feb.	-5/3	5	10
März	-1/6	6	13
April	5/14	7	12
Mai	11/20	8	11
Juni	18/26	10	10
Juli	20/31	10	10
Aug.	21/30	11	9
Sept.	17/25	9	6
Okt.	10/18	7	7
Nov.	3/13	6	8
Dez.	-3/4	6	8

Kultur und Tickets

Broadway: Mit der kostenlosen **TKTS-App** kann man das aktuelle Angebot der vier Stationen mit ermäßigten Tickets checken (TKTS Times Square, TKTS Lincoln Center, TKTS South Street Seaport und TKTS Downtown Brooklyn). Der **TKTS-Schalter** am Times Square verkauft normale Tickets (full price) für alle Broadway-Theater. Infos unter www.broadwaycollection.com, Tickets auch online auf www.telecharge.com. Tickets für alle anderen Bühnen, Theater, Konzerthallen und die Oper am jeweiligen Box Office sowie online, Infos auf den Websites.

Medien / Stadtmedien

Das kostenlose »Time Out New York« liegt überall aus und listet in seiner »Around Town«-Rubrik alle aktuellen Veranstaltungen. Im intellektuellen Magazin »The New Yorker« werden auf den ersten zehn Seiten traditionell die wichtigsten Events besprochen. Auch »Village Voice« und »Gay City News« bieten Veranstaltungskalender. Außerdem erscheinen drei Tageszeitungen: »New York Times«, »Daily News« und »New York Post«.

Nachtleben

Auch bei Einheimischen sehr angesagt sind **Rooftopbars,** häufig auf den Dächern von Hotels wie z. B. dem Standard im Meatpacking District (S. 57). Für eine Kneipentour eignet sich das Village. Die meisten **Livemusikclubs** gibt es im East Village, **Jazz** ist in Greenwich Village und in Harlem zu hören. **Tanzclubs** konzentrieren sich in der Lower East Side, in Chelsea und im Meatpacking District. Ausgehadressen s. S. 41, 56, 81, 102, 120.

Notfall

In jedem Stadtviertel gibt es ein **Polizeirevier.** In allen Notfällen, z. B. bei der Suche nach einem Arzt oder dem nächsten Krankenhaus, bekommt man unter Tel. 311 Auskunft (www1.nyc.gov/311/our-mission.page). **Zentraler Notruf** für Feuerwehr, Polizei und Rettungswagen ist die 911.

Öffnungszeiten

Es gibt kein Ladenschlussgesetz, viele **Geschäfte** sind täglich und rund um die Uhr geöffnet, Kernzeiten sind Mo–Sa 10–19, So 12–18 Uhr. In **Restaurants** gibt es in der Regel 12–15 und 18–22 Uhr warmes Essen, Delis haben teils bis 24 Uhr und länger geöffnet, Bars bis 4 Uhr. **Banken** empfangen Mo–Fr 9/10–14/15 Uhr Kundschaft.

Post

Briefkästen sind blau-rot und haben die Aufschrift »US-Mail«. Das **Porto** für Postkarten und Standardbriefe (bis 28 g) beträgt 1,15 $. **Briefmarken** bekommt man in Postämtern und an der Hotelrezeption. Das **Hauptpostamt** (U.S. General Post Office) hat tgl. geöffnet (421 8th Ave./31st St., Mo–Fr 7–22, Sa 9–21, So 11–19 Uhr).

Rauchen und Alkohol

Rauchen ist überall verboten, auch an Bahnhöfen und Haltestellen, in Parks, an Stränden und auf öffentlichen Plätzen. Gequalmt werden darf nur noch in Raucherzimmern im Hotel, in Tobacco Bars und auf dem Bürgersteig, aber nur in 4 m Entfernung von Eingängen. Alkohol darf nur an Personen ab 21 Jahren verkauft und ausgeschenkt werden; der Alkoholkonsum in der Öffentlichkeit ist untersagt.

Sicherheit

Manhattan ist sicher geworden, auch der nördliche Central Park und Harlem können problemlos besucht werden. Generell gelten die gleichen Vorsichtsmaßnahmen wie überall auf der Welt: Handtasche nicht über die Stuhllehne hängen, keine dicke Brieftasche oder wertvollen Schmuck vorführen. Ein paar Dollar in der Hosentasche reichen fürs nächste Trinkgeld, alles andere begleicht man mit Kreditkarte.

Souvenirs

Topadressen für schöne Mitbringsel sind die **Museumsläden,** die man überall auch ohne Eintritt besuchen kann. Es lohnt sich auch bei Tiffany's vorbeizuschauen: Im 3. Stock gibt es bezahlbare Kleinigkeiten mit Tiffany-Schriftzug, z.B. einen Kaffeebecher für 59 $ in Tiffany-Türkis, der das Geschäft auf dem Stadtplan von Manhattan verortet. Zur Sales Tax s. S. 131.

Sport

Die Chelsea Piers, vier umgebaute Landungsbrücken am Hudson Höhe 23rd Street, bieten alle erdenklichen Sportarten von Eislaufen über Klettern bis zum Workout im Fitnessstudio (S. 63). Wassersportangebote gibt es entlang des Hudson und East River sowie am Rockaway Beach in Queens (S. 117). Zum Bouldern mit Aussicht geht man nach Brooklyn (www.dumbo.thecliffsclimbing.com).

Stadttouren

A Slice of Brooklyn Bus Tours

Bei der »Original Pizza Tour« fährt man zu den Drehorten berühmter Filme, spaziert über den Boardwalk von Coney Island und futtert ohne Anstehen an reservierten Tischen in den besten Pizzerien. Eine Tour, die gute Laune macht und satt dazu (www.asliceof brooklyn.com).

All Around Town Tour

Das Ticket gilt 48 Std. für Hop-on-hop-off-Fahrten im Doppeldeckerbus mit über 50 Haltestellen. Es kostet online 59 $ (www.citysightsny.com/all-around-town-tour-plus.html).

Behind-the-Scenes Tours

Führungen hinter die Kulissen berühmter Institutionen sind immer ein Erlebnis, unbedingt reservieren:

Apollo Theater: www.apollotheater.org/programs/tours
Carnegie Hall: www.carnegiehall.org
Lincoln Center: www.lincolncenter.org/tours
Madison Square Garden: www.msg allaccesstour.com
Metropolitan Opera: www.operaed.org
NBC Studios: www.thetouratnbcstudios.com
Radio City Music Hall: www.stage doortour.com

Big Apple Greeter

New Yorker zeigen Gästen ihre Stadt. Das Thema (auch in deutscher Sprache) kann man sich wünschen, der Rundgang dauert 2–4 Std. und ist kostenlos. Nur für Einzelreisende, Familien oder Freunde (maximal 6 Pers.). Möglichst früh online buchen. Nach der Ankunft in New York meldet man sich bei »seinem« Greeter, der einen zum vereinbarten Termin im Hotel abholt (www.bigapplegreeter.org).

Helikopter-Rundflüge

Vier Unternehmen bieten Helikopterrundflüge an – alle starten am Wall Street Heliport am East River an der Südspitze von Manhattan. Die Preise rangieren zwischen 190 $ für 12–15 Min. Flug und 350 $ für 30 Min., Details auf den Websites (www.newyorkhelicopter.com, www.libertyhelicopter.com, www.manhattanhelicopters.com, www.heliny.com/nyc-tours).

On Location Tours

Originell und vergnüglich: Die Bustouren führen zu den Schauplätzen berühmter Filme und Serien. Die Guides sind meist Comedians oder Schauspieler, die in kleinen Rollen mitge-

Mit der Circle Line kann man Manhattan auf dem Wasserweg komplett umrunden

wirkt haben, und Insiderstorys vom Set erzählen können. Den Treffpunkt erfährt man bei der Buchung. Die Touren kosten zwischen 39 und 52 $ (www.screentours.com).

Schiffstouren

Mit den Schiffen der **Circle Line** kann man Manhattan in 3 Std. komplett umrunden, in der Hauptsaison vier Abfahrten täglich. Man fährt gegen den Uhrzeigersinn, auf der linken Seite hat man deshalb den besseren Blick. Auch Themen-Touren (z.B. Sunset) stehen zur Wahl. Start immer am Pier 83, ab 30 $ (www.circleline42.com).

Wer Tempo liebt: **The Beast** heißt das Speedboat, das mit gebleckten Zähnen und 70 km/h durch den New Yorker Hafen düst, während Rockmusik aus den Boxen stampft – mit Fotostopp bei der Freiheitsstatue und Blick auf die Skyline. Nur im Sommer, Pier 83 (www.ridethebeast.com).

Turnstile Tours

Bei den Food Cart Tours geht es zu Fuß zu den besten Food Trucks wahlweise in Midtown und im Financial District. Auch unbekannte Ecken sind im Programm wie die Brooklyn Navy Yards oder der Essex Street Market auf der Lower East Side. 22–48 $ mit 5–7 Food Tastings (www.turnstiletours.com).

Steuern

Die Preise in Kaufhäusern und Supermärkten beinhalten keine Mehrwertsteuer, die **Sales Tax** (8,875 %) wird erst an der Kasse addiert. Ausgenommen sind Bekleidung und Schuhe mit einem Warenwert unter 110 $, verschreibungspflichtige Medikamente und unzubereitete Waren im Lebensmittelgeschäft. Auf den Zimmerpreis im Hotel werden 14,75 % Sales Tax plus 3,50 $ NYC **Hotel Occupancy Tax** pro Nacht aufgeschlagen.

Strom und Steckdose

Die Netzspannung in den USA beträgt 110–120 Volt. Bei den meisten Laptops kann das Netzteil damit problemlos betrieben werden, andere Geräte müssen umstellbar sein. Weil auch die Stecker und Steckdosen anders sind, bringt man am besten von zu Hause einen Adapter mit.

 Telefon und Internet

In New York gibt es verschiedene **Vorwahlen,** die der siebenstelligen Rufnummer vorangestellt werden: 212 für Manhattan und die Bronx, 718, 347 oder 929 für Brooklyn, Queens und Staten Island.

Internationale Vorwahlen:
USA 001, Deutschland 01149, Österreich 01143, Schweiz 01141.

New Yorks 7500 öffentliche Fernsprecher werden derzeit durch sogenannte **LinkNyC-Säulen** ersetzt, die superschnelles WLAN, USB-Ladestationen und integrierte Tablets bieten. Man kann außerdem (per Lautsprecher oder mit eigenem Kopfhörer) telefonieren, innerhalb der USA kostenlos, und auf einem Monitor Serviceangebote nutzen (www.link.nyc).

Smartphones sind in den USA nutzbar, die Roaminggebühren aber hoch. Aus einem WLAN-Netz heraus kann man mit Internet-Telefonie-Apps wie Skype oder WhatsApp kostenfrei telefonieren.

Gratis-WLAN gibt es auf allen öffentlichen Plätzen, in Bibliotheken und Parks, bei Fast-Food- und Kaffeeketten wie Starbucks, in allen Subway-Stationen, auf den Fähren der NYC Ferry, der Staten Island Ferry und in den Fährterminals (www.nycwireless.net).

 Toiletten

Öffentliche Toiletten gibt es kaum, deshalb nutzt man die in Museen, in Kaufhäusern, im Grand Central Terminal, bei Starbucks und in den Lobbys der großen Hotels. Die schönste Toilettenanlage findet man im Bryant Park. Wichtig: Nie nach einer toilet, sondern nach dem restroom fragen.

 Trinkgeld

Trinkgeld geben (tipping) ist keine Höflichkeit, sondern Pflicht: Etliche Berufsgruppen leben davon. Beim Einchecken im Hotel bekommt der Bellboy 1–2 $ pro Gepäckstück, ebenso der Doorman, der das Taxi herbeipfeift. Für die Zimmermädchen legt man täglich 2–5 $ aufs Bett. Der Taxifahrer bekommt 15–20 % vom Rechnungsbetrag, ebenso Tour Guides. Im Restaurant gilt die Regel double the tax: Auf der Rechnung sind beim Endbetrag 8,87 % Steuern ausgewiesen, diesen Betrag verdoppelt man als Trinkgeld.

Umgangsformen

Im Restaurant wartet man im Eingangsbereich, bis einem ein Tisch zugewiesen wird (wait to be seated). Für nicht aufgegessene Speisen ist es üblich, eine doggy bag zu verlangen. Wer in New York mit Messer und Gabel isst, ist ein Ausländer; Amerikaner zerkleinern zuerst alles und essen ausschließlich mit der Gabel. Nach dem Essen im Restaurant bleibt man nicht sitzen. Die Bedienung lebt vom Trinkgeld und braucht Umsatz. Wer sich unterhalten möchte, wechselt zur Bar. Wichtig für Ausflüge an den Strand: Jede Form von Nacktheit ist tabu.

Unterkunft

Hotelzimmer sind klein, manchmal laut und fast immer sehr teuer. Zum Zimmerpreis kommt die örtliche Steuer von knapp 15 % dazu (siehe Steuer). Empfehlenswerte Unterkünfte unter 100 $ gibt es kaum. Maximal eine Woche im Voraus kann man über die **App Hotel Tonight** Hotelzimmer zum Last-Minute-Preis buchen (www.hotelto night.com). Bei www.hotwire.com gibt man Stadt, Datum und Personenzahl an und bekommt über 100 Vorschläge mit Lage des Hotels (samt Karte), Kategorie, Originalpreis und ermäßigtem Preis (35–66 %). Das exakte Hotel erfährt man nach der Buchung.

Wer lieber ein **Apartment** mietet: Zwischen 150 und 300 $ kostet eines für vier Personen bei Affordable New York City. Mindestmietdauer fünf Nächte, Einzelreisende oder ein Paar finden auch B-&-B-Angebote, 95–120 $ pro Nacht bei gemeinsamer Badbenutzung, 135–165 $ mit eigenem Bad (www.affordablenewyorkcity.com). Attraktiv und mit Bestnoten bewertet ist auch die Online-Agentur City Sonnet, Mindestaufenthalt fünf Nächte, Mindestpreis pro Nacht 175 $, geniale Lofts im neuen In-Viertel Long Island City (www.citysonnet.com).

Hoteltipps für die einzelnen Stadtteile s. S. 41, 57, 83, 103, 120.

Vergünstigungen

Drei unterschiedliche Pässe helfen, beim Sightseeing richtig Geld zu sparen. Alle drei bucht man mit bis zu 45 % Rabatt online, kann sie dann ausdrucken oder vor Ort einlösen.

Der **New York Pass** bietet in 90 Attraktionen freien Eintritt ohne Anstehen in der Warteschlange und kostet für 1 Tag 109 $, erm. 89 $, für 2 Tage 189/169 $, für 3 Tage 199/149 $, für 7 Tage 279/159 $ und für 10 Tage 349/189 $, online buchbar unter www.newyorkpass.com.

Mit dem **New York CityPass** kann man alle großen Attraktionen besuchen sowie wahlweise eine Rundfahrt mit der Circle Line oder zur Statue of Liberty & Ellis Island unternehmen. Der 9 Tage gültige Pass kostet 122 $, erm. 98 $. Details und Buchung unter www.citypass.com/new-york.

Der **New York Explorer Pass** sieht aus wie eine Kreditkarte und berechtigt zum Besuch von wahlweise drei, fünf, sieben oder zehn Attraktionen, zur Auswahl stehen 64 Hits vom Empire State Building bis zu Schiffs- und Bustouren. Er kostet für drei Sehenswürdigkeiten 84 $, erm. 65 $, für fünf 125/90 $, für sieben 160/110 $ und für zehn 199/145 $. Der Pass gilt 30 Tage. Details und Buchung unter www.smartdestinations.com.

Verkehrsmittel in der Stadt

Busse

Während die Subway eher in Nord-Süd-Richtung verkehrt, stellen die Busse die West-Ost-Verbindung auf Manhattans Streets her. Einzelfahrscheine kosten 3 $ (bei Bezahlung mit der MetroCard 2,75 $), Expressbus-Tickets 6,50 $. Infos: http://web.mta.info.

Fähren

Die Hauptanlegestellen für Fähren sind East 34th Street, Pier 17 (South Street Seaport), Pier 11 (Wall Street), Staten Island Ferry Terminal (Whitehall St.), Battery Park (bei Castle Clinton), World Financial Center und Pier 83 (Circle Line).

Die **Staten Island Ferry** verbindet rund um die Uhr die Südspitze von Manhattan mit Staten Island (www.siferry.com, s. auch S. 28)

Die **Governors Island Ferry** fährt in den Sommermonaten von der Südspitze von Manhattan zur Freizeitinsel Governors Island (www.govisland.com/info/ferry, s. auch S. 29).

NY Waterway betreibt Fähren über den Hudson River nach New Jersey, z. B. von Lincoln Harbor in Weehawken, NJ, zur West 39th Street in Midtown Manhattan (kostenlose App, www.nywaterway.com).

NYC Ferry bietet 21 neue Anlegestellen am East River. Die Hornblower-Fähren verbinden Manhattan, Brooklyn, Queens und die Bronx mit diversen Routen über den Fluss, z. B. von der Wall Street (Pier 11) nach Astoria (Queens), nach Dumbo (Brooklyn) und in 59 Min. an die Sandstrände von Rockaway (Queens). Die Fahrt kostet 2,75 $, die Schiffe fahren täglich von 6.30–22 Uhr (www.ferry.nyc).

NY Water Taxi Die gelben Wassertaxis fahren Midtown und Lower Manhattan (Financial Center und Battery Park) an sowie Water Street (Pier 1) und Red Hook in Brooklyn. Der Tagespass (All Day Access Pass) mit beliebig vielen Stopps kostet 35 $, erm. 21 $ (www.nywatertaxi.com).

Fahrrad

New York hat mehr als 1600 km Radwege, speziell im Central Park und entlang Hudson und East River ist die Fahrt ein meilenlanges Vergnügen. Die Räder von **Citi Bike** stehen fast an jeder Ecke, 10 000 Räder an 700 Stationen. Die App zeigt alle Stationen und die aktuelle Zahl der Räder. Auch mit Tagespass sollte man das Rad nur eine halbe Stunde ausleihen und dann aufs nächste wechseln, sonst wird es teuer (www.citibikenyc.com).

Um ein Rad für den ganzen Tag zu mieten ist der Verleih die bessere Option, am preiswertesten online, z. B. bei **Bike Tours & Rental** (www.rentbikenyc.net), Tagespass online ab 20 $ (Tandemräder 65 $) oder **Bike Rent NYC** (www.centralparkbikeride.com) mit geführten Touren und Tagespass online ab 28 $, vor Ort 40 $.

Regionalzüge

PATH (www.panynj.gov/path), **NJ Transit** (www.njtransit.com) und **LIRR** (www.mta.info/lirr) betreiben Regionalzüge, die Manhattan mit New Jersey (u. a. mit Newark), und Long Island verbinden. Sie kommen an der Penn Station an, eine weitere PATH-Station befindet sich am World Trade Center. **Metro North Railroad** (www.mta.info/mnr) verkehrt ab Grand Central Station und unterhält Verbindungen in den Norden des Bundesstaats New York sowie nach Connecticut.

Subway

Die von der **Metropolitan Transportation Authority (MTA)** betriebene Subway ist sicher, preiswert und die schnellste Art, sich in New York zu bewegen. Die Züge fahren rund um die Uhr, tagsüber im Abstand von 2–5 Min., nach Mitternacht auf den Hauptstrecken alle 10, sonst alle 20 Min. Wichtig ist die richtige Richtung: Uptown bedeutet Fahrt vom jeweiligen Standpunkt aus nach Norden, die Bahnen enden in Harlem, der Bronx und Queens, downtown bedeutet Fahrt nach Süden, sprich zur Südspitze von Manhattan und nach Brooklyn. Express trains halten nur an den im Plan mit einem weißen Kreis gekennzeichneten Stationen, local trains halten überall (schwarzer Punkt im Plan). Nachts halten alle Züge an allen Stationen. Am Wochenende ändert sich der Fahrplan häufig, Strecken werden repariert oder gesperrt, aktuelle Infos unter http://web.mta.info/weekender.html.

Um die Subway zu benutzen, braucht man eine **MetroCard,** erhältlich an jeder Station am Schalter und am Automaten. Die Karte selbst kostet 1 $ und kann beliebig oft aufgeladen werden. Bei der Pay-Per-Ride-Karte wird jede Fahrt einzeln abgebucht (2,75 $), sie kann von bis zu 4 Pers. gemeinsam genutzt werden, die nacheinander durch die Sperre gehen. **Einzeltickets** berechtigen zur Fahrt mit einer Linie. Einmaliges Umsteigen von Subway zu Bus bzw. Bus zu Bus in einer Richtung ist innerhalb von 2 Std. erlaubt. Mit der 7-Days-Unlimited-Ride-Karte kann man während einer Woche beliebig oft die Metro nutzen, sie kostet 32 $, gilt nur für jeweils 1 Pers. und wird mit der ersten Fahrt aktiviert, sie rechnet sich ab der zwölften Fahrt. Es gibt keine Tages- oder Wochenendpässe. Kinder unter 122 cm Größe fahren gratis, unabhängig vom Alter. Die MetroCard gilt auch für die Tramway nach Roosevelt Island (http://web.mta.info/maps).

Taxi

New York hat derzeit exakt 12 779 yellow cabs. Ein Taxi ist frei, wenn der Mittelteil des Dachlichtes leuchtet und die Seitenteile dunkel sind. Abseits von Sammelpunkten wie Flughafen, Bahnhof und großen Hotels hält man das Fahrzeug mit Winken am Straßenrand an, Taxistände gibt es nicht. Der Gast sitzt immer auf der Rückbank. Der Tachostand beginnt bei 3 $ und erhöht

sich um 50 Cent alle 60 Sek., sobald der Wagen schneller als 6 Meilen/Std. fährt. Hinzu kommen 0,50 $ New-York-Steuer, Nachtzuschlag (0,50 $ 20–6 Uhr), und Rushhour-Gebühr (1 $ 16–20 Uhr). Zum Endbetrag addiert man 15–20 % Trinkgeld. Alle Taxen nehmen Kreditkarten. Die Taxen in Manhattan sind gelb, die der anderen Stadtteile und nördlich der 96th Street sind grün (www.borotaxis.com). Gern genutzt werden auch **Car-Service-Firmen** wie Uber (www.uber.com), Lyft (www.lyft.com), She Rides (www.sheridesnyc.com), Dial 7 Car (www.dial7.com) oder Via (www.ridewithvia.com).

Zeitverschiebung

In New York gilt **Eastern Standard Time,** der Zeitunterschied zu Mitteleuropa beträgt minus 6 Std. Von Mai bis Oktober gilt die Sommerzeit (daylight saving time) und die Uhren gehen eine Stunde vor. Die Uhrzeit wird angegeben mit dem Zusatz a.m. (ante meridiem, von Mitternacht bis 12 Uhr mittags) und p.m. (post meridiem, ab 12 Uhr mittags bis Mitternacht).

Zollbestimmungen

Zollfrei in die USA mitbringen darf man pro Person 200 Zigaretten oder 50 Zigarren oder 2 kg Tabak, 1 l Alkohol (ab 21 Jahren), Geschenke im Wert bis zu 100 $. Tabu sind tierische und pflanzliche Frischprodukte (Obst, Wurst, Gemüse). Gebäck, Käse und Süßigkeiten sind erlaubt. Bei der Wiedereinreise ins Heimatland darf man Waren im Wert von 430 Euro bzw. 300 CHF einführen (ohne Alkohol und Zigaretten), was darüber hinausgeht, muss beim Zoll angemeldet werden.

Die Geschichte New Yorks

1524 Giovanni da Verrazano erforscht die Upper New York Bay.

1609 Henry Hudson segelt den später nach ihm benannten Fluss hinauf.

1624 Niederländische Händler siedeln auf der felsigen Insel und nennen sie Nieuw Amsterdam.

1626 Gouverneur Peter Minuit tauscht die Insel bei den Indianern u. a. gegen Glasperlen im Wert von 60 Gulden ein.

1664 Im englisch-holländischen See-krieg geht die Siedlung Nieuw Amster-dam kampflos an die Briten über und wird in New York umbenannt.

1754 Mit dem King's College (heute Columbia) startet die erste Universität ihren Lehrbetrieb.

1785 Nach dem Unabhängigkeits-krieg (1775–83) ist New York bis 1790 die erste amerikanische Hauptstadt.

1883 Eröffnung der Brooklyn Bridge.

1886 Die Freiheitsstatue, ein Geschenk Frankreichs, wird eingeweiht.

1898 Eingemeindung von Brooklyn, Queens, Bronx und Staten Island, New York hat jetzt 3,5 Mio. Einwohner.

1904 Der erste Abschnitt der Subway wird eröffnet.

1929 Der Börsensturz löst die große Depression und die Weltwirtschafts-krise aus.

1931 Das Empire State Building und das Waldorf Astoria Hotel werden ein-geweiht.

1940 Eröffnung des Rockefeller Center.

1965 In Harlem wird der schwarze Bürgerrechtler Malcolm X erschossen.

1974 Die Doppeltürme des World Trade Centers entstehen.

1975 New Yorks Dauerpleite erreicht einen neuen Tiefstand, Bundesdarle-hen retten die Stadt vor dem Kollaps.

1993 Bürgermeister Rudi Giuliani übt eine Null-Toleranz-Politik aus und wird 1997 wiedergewählt.

2001 Am 11. September entführen Ter-roristen vier Verkehrsflugzeuge, zwei fliegen in die Türme des World Trade Center. Etwa 3000 Menschen kommen bei den Anschlägen ums Leben.

2012 Hurrikan »Sandy« trifft auf die Ostküste, in New York entsteht ein Schaden von 33 Mrd. Dollar.

2013 Das Grand Central Terminal fei-ert 100-jähriges Bestehen.

2014 Präsident Obama eröffnet das 9/11 Memorial Museum.

2015 Das Observation Deck im neuen One World Trade Center empfängt die ersten Besucher.

2017 Wiederwahl des progressiven Bürgermeisters Bill de Blasio für eine zweite Amtszeit.

2018 Das schmalste Hochhaus der Welt (111 W. 57th St.) mit 435 Höhen-metern wird fertiggestellt.

Als das Rockefeller Center 1940 eröffnet wurde, war die Rollschuhbahn ein Hit

Englisch für die Reise

Das Wichtigste in Kürze

Ja/Nein	Yes/No
Bitte/Danke	Please/Thank you
Hallo!/Auf Wiedersehen!	Hello!/Good bye!
Guten Tag!	Good morning!/ Good afternoon!
Guten Abend!/ Gute Nacht!	Good evening!/ Good night!
Mein Name ist …	My name is …
Entschuldigung!	Excuse me!
Achtung!/Vorsicht!	Attention!/Caution!
Ich verstehe Sie nicht.	I don't understand you.
Wie viel kostet …?	How much is …?
Wo sind die Toiletten?	Where is the lavatory?
Damen/Herren	Ladies/Gentlemen
geöffnet/geschlossen	open/closed
gestern/heute/ morgen	yesterday/today/ tomorrow
Wie viel Uhr ist es?	What time is it?
Wo ist …?	Where is …?
Wie weit ist …?	How far is …?
Ist das der Weg nach …?	Is this the way to … ?
geradeaus/links/ rechts/zurück	straight on/left/ right/back
nah/weit	near/far
Nord/Süd/ West/Ost	north/south/ west/east
Ich möchte …	I would like …
Hotel/Unterkunft	hotel/accommodation
Gepäck	luggage
Frühstück	breakfast
Mittagessen	lunch
Abendessen	dinner
Die Rechnung, bitte!	The bill, please!
Restaurant	restaurant
Auto	car
Parkplatz	car park/parking space
Tankstelle	petrol station
Benzin/Super/Diesel/ Autogas (LPG)	petrol/unleaded/diesel/ liquid petroleum gas
Panne	breakdown
Hilfe!	Help!
Fahrrad	bicycle
Hauptbahnhof	main station
Bushaltestelle	bus stop
Flughafen	airport
U-Bahn-Station	subway station
Zug	train
Schiff/Fähre	ship/ferry
Pass/Personalausweis	passport/ID card
Bank/Geldautomat	bank/cashpoint (ATM)
Polizeistation	police station
Arzt	doctor
Apotheke	pharmacy
Lebensmittelgeschäft	food store
Tourismusbüro	tourist office
Botschaft	embassy

Wochentage

Montag/Dienstag	Monday/Tuesday
Mittwoch	Wednesday
Donnerstag	Thursday
Freitag/Samstag	Friday/Saturday
Sonntag	Sunday

Monate

Januar/Februar	January/February
März/April	March/April
Mai/Juni	May/June
Juli/August	July/August
September	September
Oktober	October
November	November
Dezember	December

Zahlen

1	one	8	eight
2	two	9	nine
3	three	10	ten
4	four	11	eleven
5	five	12	twelve
6	six	100	a (one) hundred
7	seven	1000	a (one) thousand

Alle Blickpunkt-Themen in diesem Band:

Register

Bildnachweis

Titel: Blick über die Brooklyn Bridge nach Manhattan
Foto: **Getty Images** (Peter Unger/Lonely Planet Images)
Rücktitel: links: **Shutterstock** (Songquan Deng); rechts: **Shutterstock** (GagliardiImages)

Alamy Stock Photo: Aurora Photos 60 – **Getty Images:** Creative RM 18; Lonely Planet Images 21; Busà Photography 68/69; AFP 83; New York Daily News Archive 136; Michael Lee 144 – **Huber Images:** Susanne Kremer 5.2, 11.1, 11.3, 30/31, 88, 98; Arcangelo Piai 12.1, 12.3, 85.2, 96/97; Maurizio Rellini 8/9; 14/15, 9, Corrado Piccoli 62; 118, Monica Goslin 95 – **laif:** Frank Heuer 6.1, 114 – **Look:** Brown Cannon 26; age fotostock 44; SagaPhoto 85.1 – **Mauritius Images:** Walter Bibikow 10.1; db images/Alamy 10.2; Ludovic Maisant/hemis.fr 27; Nikreates/Alamy 34; Stuart Pearce/Alamy 40; Randy Duchaine/Alamy 47; wendy connett/Alamy 48; Sergi Reboredo/Alamy 52; robertharding/Neal Clark 7, 54/55; Francois Roux/Alamy 57; Masterfile RM/Siephoto 59.1; Iain Masterton/Alamy 64; MB_Photo/Alamy 66; P. Spiro/Alamy 67; Silvain Sonnet/hemis.fr 70/71; Westend61/J.W. Walker 74; R. Ian Lloyd/Masterfile RM 85.4; Patty McConville/Alamy 100; PAINTING/Alamy 101; Ian Dagnall/Alamy 105.1, 108/109; Christopher Penler/Alamy 132 – **Seasons Agency:** Philip Koschel/Jalag 2.1, 5.1, 6.3, 43.2, 59.2, 92, 113; Hendrik Holler/Jalag 6.2 – **Shutterstock:** Francesco Ferrarini 2.2; turtix 4/5; Andrey Bayda 9; Boris-B 11.2; lev radin12.2; travelview 13.1; Marcio Bastos Silva 13.2; John A. Anderson 13.3; Victoria Lipo 17.2; Mishella 20; Nielskliim 23; Felix Lipov 17.3, 25; M. Shcherbyna 28; Tierney MJ 29; Kamira 36; Alina Sun 37; Alessio Catelli 17.1, 38/39; Youproduction 43.1; littlenySTOCK 50; lazyllama 53; pisaphotography 65; Luciano Mortula - LGM 76; ESB Professiona 79, Umschlagklappe; Linda Harms 85; David W. Leindecker 105.2; Kaesler Media 106; Stuart Monk 107; Leonhard Zhukovsky 124; betto rodrigues 126

Herausgeber: GRÄFE UND UNZER VERLAG GmbH, Postfach 86 03 66, 81630 München
Leitender Redakteur: Benjamin Happel
Autorin: Hannah Glaser
Verlagsredaktion: Katja Tegler (verantw.), Nora Köpp, Gernot Schnedlitz, Nadia Turszynski
Lektorat: Anja Lehner
Satz: uteweber-grafikdesign
Bildredaktion: Dr. Nafsika Mylona
Schlusskorrektur: Dr. Maria Ponholzer
Reihengestaltung: Eva Stadler
Kartografie: Kunth Verlag GmbH & Co. KG, München
Herstellung: Mendy Willerich
Druck: Drukarnia Dimograf Sp z o.o. (Polen)

Ansprechpartner für den Anzeigenverkauf:
KV Kommunalverlag GmbH & Co. KG, MediaCenter München, Tel. 089/928 09 60

GRÄFE UND UNZER

Ein Unternehmen der
GANSKE VERLAGSGRUPPE

ISBN 978-3-95689-426-8
1. Auflage 2018

© 2018 GRÄFE UND UNZER VERLAG GmbH, München
ADAC Reiseführer Markenlizenz der ADAC Verlag GmbH & Co. KG, München

Leserservice
adac@graefe-und-unzer.de
Tel. 00800/72 37 33 33 (gebührenfrei in D, A, CH)
Mo–Do 9–17 Uhr, Fr 9–16 Uhr

Bei Interesse an maßgeschneiderten B2B-Produkten:
gabriella.hoffmann@graefe-und-unzer.de

Unterwegs in New York

Gondelfahrt in Manhattan

Wer auf der Upper East Side rote Gondeln durch die Häuserschluchten schweben sieht, hat nichts Falsches gefrühstückt. Hier geht es auch nicht zum Skifahren, sondern die Roosevelt Island Tramway bringt die Bewohner der gleichnamigen Insel über den East River nach Manhattan. Jeder kann mitfahren, zum normalen Subway-Tarif.

■ https://rioc.ny.gov/302/Tram, S. 94

Sightseeing gratis mit der Fähre

20 Min. dauert die kostenlose Fahrt mit den orangefarbenen Fähren der Staten Island Ferry von der Südspitze Manhattans zum Stadtteil Staten Island, vorbei an der Freiheitsstatue und Ellis Island. Die Fähren sind täglich rund um die Uhr unterwegs. Man braucht kein Ticket, sondern geht einfach an Bord.

■ www.siferry.com, S. 28

Connection verbindet

Die sieben knallroten Kleinbusse der Downtown Connection verbinden alle attraktiven Ziele in Lower Manhattan zwischen Battery Park City und South Street Seaport. Sie fahren täglich von 10–19.30 Uhr die 36 Stopps ab, werktags alle 10, am Wochenende alle 15 Min. Sponsor ist die Downtown Alliance, die Gäste fahren gratis, WLAN an Bord ist frei.

■ www.downtownny.com, S. 24

Pflastertreten

New York muss man erlaufen – nur so erlebt man die Gerüche der Straßenimbisse und das Rumpeln der Subway unter dem Gehweg, das Möwengeschrei und die jaulenden Polizeisirenen, Sprachfetzen der Passanten und die wechselnde Szenerie der Stadtteile. Deshalb: Unbedingt die bequemsten Laufschuhe einpacken, egal wie alt und hässlich.